Single-Börsen-Queen sucht Traummann

Liebevoll illustriert von
Marita Zacharias

Single-Börsen-Queen sucht Traummann

Erlebnisse auf Datingportalen

Madeleine Toussaint

Mato-Verlag

Bibliografische Information der Deutschen Bibliothek
Die Deutsche Bibliothek verzeichnet diese Publikation in der Deutschen Nationalbibliografie; detaillierte bibliografische Daten sind im Internet über http://dnb.ddb.de abrufbar.

Madeleine Toussaint
Single-Börsen-Queen sucht Traummann.
Erlebnisse auf Datingportalen

ISBN: 978-3-936795-62-2

Mato-Verlag: Memmingen/Allgäu
Am Geisberg 6, 87779 Trunkelsberg
Tel./Fax 08331-494445

Website: www.engel-buecher.de, www.mato-verlag.de
Cover: Dieses wunderschöne Liebespaar wurde gemalt von der Künstlerin Marita Zacharias. Die Bilder im Buch wurden ebenfalls von Marita Zacharias gemalt.

Malerei: Copyright Marita Zacharias
Website: www.kunstmalerei-mz.de
E-Mail: MaritaZacharias@gmx.de

Lektorat: Dr. Bärbel Müller, Tannenweg 15, 14482 Potsdam,
Tel. 0331-550 3775,
E-Mail: kontakt@korrekturservice.org

Satz & Layout: Johann Christian Hanke, www.jchanke.de
Gesetzt aus der Rabenau von Axel Bertram

1. Auflage 2018
Printed in Germany

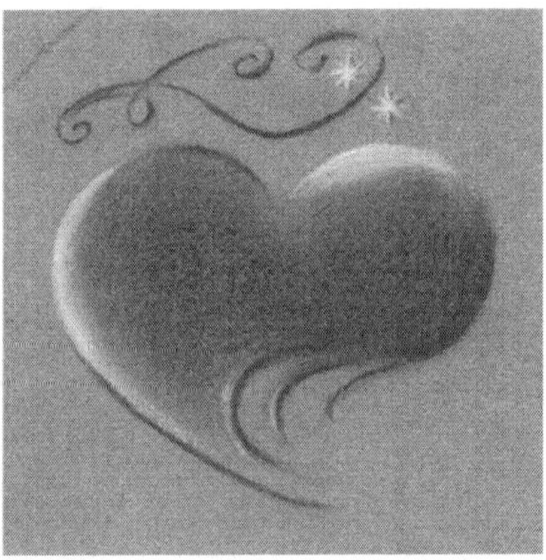

Diescs Buch widmet die Autorin allen einsamen Menschen. Alleine zu leben muss kein Unglück und keine Strafe sein. Sie haben die Möglichkeit, sich während dieser Zeit auf sich selbst zu besinnen und die Partnersuche langsam anzugehen. Man muss nicht mit allem zufrieden sein. Lassen Sie sich Zeit, denn Ihre große Liebe kommt nicht über Nacht. Auch nicht in 11 Minuten, womit die Webseite »Parship« wirbt. Wenn etwas gut werden soll, benötigt es Zeit, um zu reifen.

Vorwort

Mit Parship fing alles an. Später LoveScout und dann ElitePartner. Mit der Zeit reifte bei Goldie der Gedanke, darüber ein Buch zu schreiben. Die Autorin hat bereits viele Bücher geschrieben, aber dieses Buch sollte anders werden. Es sollte dokumentieren, was den Damen und Herren auf Datingportalen so alles passieren kann. Wie verrückt und unglaublich manche Dinge sind. Hätte es die Autorin nicht selbst erlebt, sie hätte es sicher nicht geglaubt. Die Autorin, also Goldie, wollte den Lesern eine Hilfestellung geben und ihnen mitteilen, auf was sie dringend achten sollten. Der Spaßfaktor wurde von den Herren der Schöpfung gratis dazugegeben. Und das Buch, es wird Ihnen auch das Gefühl geben, dass mit Ihnen noch alles normal ist. Es gibt leider viele Irre und Kranke auf diesen Portalen. Wenn Goldie fragte, wie lange die Herren denn in einer Beziehung waren, hieß es meistens, längstens zwei Jahre, ein paar Monate, mehrmals waren es aber nur ein paar Wochen. Es war ja gut, dass sie so ehrlich waren. Aber Goldie dachte: »Gibt man einen guten Mann so schnell her?« Nein! Auf den Datingportalen findet man viele verkrachte Existenzen. Männer, die den schnellen Sex suchen, kleine Ausbeuter, die Frauen suchen, die sie finanziell unterstützen. Sicher, es gab auch andere. Aber auch diese hatten meist irgendeinen Haken: zu alt, zu weit weg oder noch immer in einer Beziehung, zum Beispiel »Stuttgart 21«. Er wollte Goldie alles bieten, was möglich war. Aber zu allem Überfluss steckte auch noch das Geld seiner Frau in der gemeinsamen Firma. Sollte sich Goldie so etwas antun? Nein! Aber vielleicht hatte Goldie einfach kein Glück auf Datingportalen. Ist sie zu anspruchsvoll? Ja! Es gibt viele glückliche Frauen und Männer, die so ihr Glück gefunden haben. Es gibt aber auch viele Frauen, die mit Bekanntschaften auf Internetportalen alles verloren haben. Die Welt ist bunt und verrückt. Man muss ein sehr gutes Fingerspitzengefühl besitzen, um den Richtigen oder die Richtige zu finden. Die meisten Herren fragten Goldie sofort: »Was arbeitest du?« Denn sie hatte in ihrem Profil in der Kategorie »Beruf« »selbstständig« eingetragen. War das der Grund für die unzähligen Anfragen, die sie bekam? Einige fragten auch nach ihrem Verdienst. Oder stellten die unschuldige Frage: »Lohnt sich das überhaupt?«

Jeder ist für sein Glück selbst verantwortlich. Sie haben es selbst in der Hand. Sie müssen nicht mit allem zufrieden sein. Wählen Sie aus und lassen Sie sich Zeit. Lieber keinen Partner als den falschen Partner. Besser wirklich allein als allein zu zweit. Goldie möchte keine Lebenszeit verschenken, denn sie hat nicht mehr so viel übrig. Das sollten Sie auch nicht tun. Denn das Leben ist zu kurz, um es an die falschen Menschen zu verschenken. Ja, mit jemandem glücklich zusammen zu sein ist ein Geschenk. Man schenkt jemandem seine Freizeit, seine Liebe, sein Leben. Das ist das Höchste und Wichtigste, was wir überhaupt besitzen: uns selbst. Wir alle freuen uns auf ein schönes Wochenende, am liebsten mit dem Menschen, der uns alles bedeutet, dem Menschen, den wir lieben. Aber wir dürfen nicht zu naiv an die Sache herangehen. Die schönsten Männer im Internet sind meistens die Fake-Anfragen. Also Männer, die zwar existieren, aber die nicht wirklich auf der Seite angemeldet sind, denn es gibt Banden, die stehlen die Bilder der gut aussehenden Herren, dahinter verbirgt sich dann jedoch ein Betrüger. Im Nachhinein fragt er Sie um Geld, aus irgendeinem erfundenen Grund. Goldie hat bereits mehrere solcher Herren enttarnt. Sie sprechen meistens Englisch und arbeiten mit einem Google-Übersetzer oder vorgefertigten Floskeln, die sie allen Damen schreiben. Sie sind immer sofort in sie verliebt. Sie machen ihnen die schönsten Komplimente, die sie jemals gehört haben. Man könnte fast darauf reinfallen, so schön hört sich das Ganze an. Aber Vorsicht! Goldie ist nun seit 4 Monaten auf Datingportalen gelistet und in der Zeit wurden mindestens 50 Inserate entfernt, aus genau dem genannten Grund. Sie fragen immer nach ihrer E-Mail-Adresse. Also Vorsicht! Geben Sie Ihre Daten nicht so schnell heraus, denn die Betrüger wissen ganz genau, dass sie irgendwann einmal auffallen. Haben sie jedoch Ihre E-Mail-Adresse, können die Betrüger weiterhin mit Ihnen in Kontakt bleiben.

Goldie wünscht Ihnen ganz viel Freude beim Lesen der hier berichteten wahren Begebenheiten. Vor allem wünscht Ihnen Goldie, dass Sie genau den Partner Ihrer Träume finden. Geben Sie nicht auf, denn Sie werden ihn finden. Wenn die Suche auch manchmal sehr mühselig und der Weg zur großen Liebe sehr steinig erscheinen mag. Goldie wird auch nicht aufgeben, denn die Hoffnung stirbt zuletzt. Und was wäre ein Leben ohne Träume? Und vor allem: Was wäre ein Leben ohne LIEBE?!

Goldie, allein daheim

Goldie hat sich nach 30 Jahren von ihrem Partner, den sie einmal sehr geliebt hat, getrennt. Die erste Zeit nach der Trennung war hart. Man hatte niemanden mehr zum Reden. Niemanden mehr zum Knutschen und niemanden mehr im Bettchen zum Kuscheln. Kein Schlüssel drehte sich mehr in der Haustüre. Ja, man muss so eine neue Lebenssituation erst einmal verarbeiten. Zur gleichen Zeit verließ auch ihr Sohn das Haus und zog zu seiner Freundin. Goldie stürzte sich in die Arbeit und die Arbeitstage wurden immer länger. Sie war selbstständig und konnte sich die Arbeit einteilen. Je mehr Arbeit, umso besser. Vor 1 Uhr in der Früh ging sie nicht mehr ins Bett. Es lohnte sich ja nicht – zu wem denn auch? Ihr Bett war groß und kalt und leer. Keiner schnarchte mehr in der Nacht. Alles, was sie früher gehasst hatte, fehlte ihr plötzlich. Außer ihrem weißen Kater mit seinen großen, blauen Augen und ihrem gewohnten Zuhause war ihr nichts mehr geblieben. Und nun, Ladys, aufgepasst: »Wenn man in keiner Beziehung mehr ist, dann ist man auch nur noch ein halber Mensch!« Eine Hälfte fehlt! Die Leute, die einen früher besucht haben, kommen plötzlich nicht mehr. Man wird auch kaum noch eingeladen. Man scheint sozial zu verarmen. Man redet kaum noch! Fängt an, Selbstgespräche zu führen. Plötzlich freut man sich über jeden Telefonanruf. Auch wenn sich nur jemand verwählt hat. Was ist der Grund? Haben die Frauen plötzlich Angst um ihre Männer? Goldie ist ja nun ein Singleweibchen, mit blonden langen Haaren, blauäugig, schlank. Sie könnte einem ja nun gefährlich werden! Eine Dame aus ihrem Bekanntenkreis kam zu Goldie und suchte ihren Mann! Sie meinte, sein Auto vor ihrer Haustüre gesehen zu haben. Aber dieser Mann war ja 15 Jahre älter als Goldie, während sie doch eigentlich auf jüngere Männer stand. Wie konnte es zu einem solchen fatalen Irrtum kommen? Diese Freundin ist mittlerweile geschieden, aber Goldie hat niemals zu ihrem Ex Kontakt aufgenommen, geschweige denn, sich mit ihm getroffen. Daher wehte also der Wind. Man wurde zu einer Konkurrentin. Was sollte Goldie denn mit den Männern der anderen Frauen? Sie sahen ja gar nicht so aus, wie Goldie sich ihren zukünftigen Lebensgefährten vorstellte. Sie waren überhaupt nicht nach ihrem Geschmack. Die meisten Herren über 50 sind klein, kahlköpfig und übergewichtig. Da steht im Profil meistens: »Ich habe ein paar Kilo zu viel.« Oder: »Ich esse gerne.« Goldie liebt gut gebaute, disziplinierte, große Männer, am besten mit blonden oder braunen dichten Haaren und blauen Augen.

Als Goldie dann alleine lebte, schaute sie länger fern und kaufte sich ein Buch nach dem anderen. Das ging langsam auf die Augen. Jede Woche ein Buch und anschließend Fernsehen bis um 1 Uhr in der Früh. Da gab es noch ab und an Freundinnen, mit denen sie ins Fitnesscenter gehen konnte oder manchmal auch noch ins Kino. Aber danach trennte man sich gleich wieder.

Der Mann kam ja gleich nach Hause und man musste unbedingt noch etwas für ihn kochen! Auch an ihrem Geburtstag. Sie traf sich mit Freundinnen. Aber nach ein paar Stunden mussten sie wieder nach Hause zu ihren Männern. Den Abend verbrachte Goldie alleine vor ihrem Fernseher, mit dem feierte sie ihren Geburtstag. Ihre Enkelkinder sangen für sie und schrieben ihr wunderschöne Gedichte. Aber es war ein Mittwoch und deshalb konnte von ihrer Familie niemand anreisen. Alle mussten arbeiten und die Kinder mussten zur Schule. Ihr Expartner hatte an Goldie gedacht, er schickte ihr eine SMS. Das machte sie sehr glücklich. Goldies Leben wurde plötzlich furchtbar langweilig. Sie freute sich, wenn das Telefon klingelte und sie mit jemandem länger sprechen konnte. Ihr Sohn beschwerte sich, bei ihr sei ja das Telefon ständig belegt. Empfand er das nur so oder war bei ihr tatsächlich ständig das Telefon belegt? Sicher war es so, dass er immer im gleichen Moment anrief, wenn sie mal einen Anruf bekam. Denn Goldie hatte nicht das Gefühl, ständig am Telefon zu sitzen. Im Gegenteil, sie fieberte den Anrufen regelrecht entgegen. Da Goldie selbstständig ist, ging sie nicht wie früher morgens ins Büro und kam am Abend heim, nein, sie konnte ihre ganze Arbeit von zu Hause aus erledigen. Das war schon mal das erste große Problem: keine Gespräche am Arbeitsplatz, immer Totenstille. Ab und an das Miauen des Katers, wenn er Hunger hatte oder von Frühlingsgefühlen übermannt wurde. Und der einzige Mann im Haus war auch noch furchtbar stressig. Manchmal rief sie: »Ihr Männer seid alle gleich, ihr wollt immer gutes Personal und gutes

Essen!« Und der Kater war ja auch sehr verwöhnt. Er war ein Erbstück ihrer Mutter. Sie hatte ihn bekommen, als er 2 Jahre alt war, und nun war er bereits 11 Jahre alt. Goldie betitelte ihn als typisches Mannsbild, immer Hunger haben, immer verwöhnt werden wollen und nur das Beste zum Essen. Seine Lieblingsspeise war Thunfisch mit Garnelen. Goldie dachte: Das werde ich dann auch meinen Besuchern servieren, Salate, Thunfisch und Garnelen, denn scheinbar lieben kleine und große Kater diese Gerichte.

Goldie meldet sich bei Parship an

Einige ihrer Freundinnen legten Goldie nahe, sich bei einer Plattform wie Parship, ElitePartner oder LoveScout anzumelden. Es sei zu schade, wenn man sein Leben alleine verbringe, meinten sie. Aber in der Zwischenzeit konnte sie sich sehr gut mit sich selbst befassen und fand es sogar schön, alleine zu leben. Man konnte tun und lassen, was man wollte. Niemand machte einem Vorschriften. Kein Essen musste zu angegebenen Zeiten auf dem Tisch stehen. Wenn man nichts essen wollte, war das auch egal. Niemand meckerte mehr, wenn Goldie Garnelen kochen wollte. Ihr ehemaliger Partner hasste Fisch und Geflügel. Ohne ihn konnte sie jetzt auch am Abend mit Freundinnen ins Kino gehen, um 24 Uhr nach Hause kommen und niemand zog ein langes Gesicht. Nur Goldies Katerchen, sie nannte ihn Kackerchen, saß bereits an der Türe, wenn er sie von Weitem hörte, und war glücklich, sie zu sehen. Der arme Kerl war ja auch so verhasst gewesen bei ihrem früheren Partner. Nun lebte das kleine Katerseelchen so richtig auf. Nun war er der einzige Herr im Haus.

»Alle 11 Minuten verliebt sich ein Single über Parship.« Das hörte sich ja erst mal gut an, das ist eine Aussage! Goldie dachte, dann muss man sich auch nur für einen Monat anmelden, wenn das so schnell geht auf dieser

Internetseite. Goldie las alles in Verbindung mit Partnerbörsen. Parship, ElitePartner und LoveScout kamen für sie in die engere Wahl. Interessant fand sie die Tests, die manche Singlebörsen machten, und auf so einer Seite wollte sie sich auch anmelden. Also landete Goldie auf der teuersten Partnerseite, Parship. Aber das war es ihr wert, denn wenn man sich so schnell verlieben würde wie versprochen, musste man ja auch nicht lange angemeldet bleiben. Sie machte den Test und schon kamen die ersten Anfragen zu ihrer Person. Aber es kam auch immer die Preisliste, denn nur dann, wenn man bezahlt hatte, war man ein vollwertiges Mitglied mit allen Chancen, die diese Seite bietet. Also meldete Goldie sich viel zu schnell an.

Wenn man die Einstellung »neu« wählte, konnte man sehen, wer sich neu bei Parship angemeldet hatte. Man konnte auch angeben, wenn man nur Herren mit der höchsten gemeinsamen Punktzahl kennenlernen möchte. 140 ist die höchstmögliche, Goldies höchster gemeinsamer Punktestand war mit einem Herrn aus Graz. Sie hatten 139 Übereinstimmungen. Diese Beziehung oder dieses Treffen wäre sicherlich interessant geworden, denn so viele Gemeinsamkeiten gibt es selten. Sie fanden sich auch beide sehr sympathisch, aber sie sagte ihm, dass sie niemals zu ihm nach Graz ziehen könnte, denn sie sei in Bayern selbstständig. Sie wären vielleicht das perfekte Paar geworden, aber die Distanz von 525 Kilometern trennte sie wieder. Er meinte: »Goldie, du bist genau die Frau, von der ich immer geträumt habe! Aber wenn du nicht zu mir kommst, wohnst du leider zu weit weg, sorry!«

Als Goldie die Einstellung »Entfernungen« angab, schlug ihr Parship nur Herren in einem Radius von 100 Kilometern um ihren Wohnort vor. Je mehr Flexibilität man hat, desto leichter ist es natürlich, jemanden zu finden, der zu einem passt. Parship ist wunderbar für Menschen, die an keinen bestimmten Ort gebunden sind – bei ihr war das nun mal der Fall.

Also kündigte Goldie ihr Abo gleich wieder. Es war leider für ein Jahr abgeschlossen. In den ersten 6 Monaten kostete es pro Monat 29,95 Euro, ab dem siebten Monat dann sogar 39,95 Euro. Das war aber noch ein Sonderpreis. Und wenn man monatlich oder 3-monatlich oder halbjährlich abbuchen ließ, kam noch einmal eine Bearbeitungsgebühr dazu.

Man kann die Einstellung »weltweit« angeben, dann bekommt man Anfragen aus aller Herren Länder. Das klappt aber nur, wenn man flexibel ist und einen Umzug in Kauf nimmt. Oder Sie stellen das Bundesland ein, in dem die Herren oder Damen beheimatet sein sollen. Aber Goldie hatte eine Gästepension in Bayern und musste deshalb vor Ort bleiben. Die größte Auswahl haben die Damen aus dem Raum Würzburg, Hamburg, Berlin und Frankfurt. Goldie lernte die nettesten Herren aus Österreich kennen, aber sie konnte nicht umziehen. Obwohl Bayern doch genauso schön ist wie Österreich.

Sobald Sie sich bei Parship anmelden, durchlaufen Sie einen Test. Anhand der Matching-Punkte werden Sie mit interessierten Partnern zusammengebracht, natürlich unter Berücksichtigung des Alters und der von Ihnen ausgewählten Region. Die Matching-Punkte sollten mindestens 100 betragen. Und tatsächlich, als sie sich mit einem Löwe-Mann aus München traf, sagte der: »Ich fasse es nicht – deine Kaffeemaschine, dein Mixer, dein Toaster: Alles steht in der gleichen Anordnung wie bei mir zu Hause.« Da schien das Matching also offenbar geklappt zu haben. Aber zu diesem Fall nachher mehr.

Ein Ehepaar, das bereits viele Jahre glücklich verheiratet war, wollte die Partnerbörse testen. Nachdem sie bei Parship den Test durchlaufen hatten, kam tatsächlich der Partnervorschlag von Parship, dass sie sehr gut zusammenpassen würden. Also kann Parship keine so schlechte Wahl sein, denn sie wären auch über die Partnerbörse zusammengekommen.

Goldies Erlebnisse auf Parship

Die erste Verabredung auf Parship erschien Erfolg versprechend. Der Kandidat und Goldie hatten 111 gemeinsame Punkte. Wenn man der Auswertung glauben konnte, war das eigentlich ein sehr gutes Ergebnis. Auf den Fotos schaute der Designer wie ein junger Adonis aus, zwar etwas klein geraten, aber sehr sympathisch. Ein Foto war schöner als das andere. Goldie war erfreut, als er sie zu einem ersten gemeinsamen Date einlud. Er gab ihr vorher noch ernst gemeinte Tipps, sich niemals mit Männern zu Hause zu treffen. Denn die wollten doch nur das eine! Er sei da die berühmte Ausnahme. Bei ihm käme so etwas nicht vor, denn er sei ein ganz besonders Lieber und ein Gentleman, der niemals gegen den Willen einer Dame handle! Er würde nie etwas tun, was gegen die Etikette verstoße. Sie schrieben sich bereits seit einigen Wochen und er war sehr aufmerksam und freundlich. Es war kurz vor Weihnachten und Goldie hegte im Stillen die Hoffnung, dass sie vielleicht Weihnachten und Silvester nicht mehr alleine verbringen müsste, wenn es mit ihm klappte. Der junge Mann war 57 Jahre alt, geschieden und hatte zwei erwachsene Kinder. Auf den Fotos machte er noch einen sehr knackigen Eindruck. Zuerst wollte er Goldie auf eine Pizza einladen, aber sie hatte dann doch etwas für ihn gekocht. Als er klingelte und so vor Goldie stand, war sie etwas enttäuscht. Ihr Adonis hatte sich offenbar einige Zentimeter größer gemacht, als er tatsächlich war. Und seine so schöne glatte Haut war von der Sonne sehr gezeichnet. Goldie dachte, der sieht aus wie eine kleine französische Bulldogge. Seine Frisur erinnerte an Mireille Mathieu oder, wenn jemand die Sängerin nicht kennt, an Prinz Eisenherz. Er trug sozusagen einen richtigen Topfschnitt aus den 80ern. Bereits an der Haustüre übergab er ihr eine Flasche Champagner, einen Schlüsselanhänger und eine wunderschöne Rose. Man merkte sofort, dass er ein Künstler war, denn die Rose musste 100-prozentig in der Vase stehen. So wie Goldie die Blume behandelte, war es für ihn nicht sachgerecht. Er erwähnte noch, dass der Schlüsselanhänger aus echtem Gold sei. Scheinbar hatte sie das Geschenk nicht gebührend gewürdigt. Aha, dachte Goldie, echtes Gold – war das der Kaufpreis für die erste gemeinsame Nacht? Aber er meinte ja, er sei ein ganz Braver. Sie konnten sich beide wunderbar unterhalten. Und Goldie schien seine von der Sonne ausgezehrte Haut nicht mehr wahrzunehmen. Denn er war wirklich sehr nett. Und das Aussehen war ja auch nicht so wichtig, schließlich werden wir ja alle mal älter. Der eine früher, der andere später. Goldie fand es auch sehr gut, dass er keinen Alkohol trank. Würde er etwas trinken, wäre er gleich betrunken, meinte er. Wunderbar, dachte Goldie, dann kann man ja sicher sein, dass er seine Finger bei sich behält. Denn Goldie war keine für eine Nacht und schon gar nicht dafür gemacht, bereits in der ersten Nacht mit jemandem ins Bett zu gehen. Das musste sich entwickeln. Sie musste ihren zukünftigen Partner

M. Pachnios
2015

erst einmal kennenlernen. Sie kamen wirklich gut miteinander ins Gespräch. Als er in ihrer Küche stand und sich alles so anschaute, fing er plötzlich an, schallend zu lachen. Sie fragte ihn, was der Grund für seinen Lachanfall sei. Er meinte: »Wenn ich zu Hause bin, werde ich dir ein Foto machen, und dann weißt du, warum. Alles, aber ganz genau alles steht bei dir wie bei mir in der gleichen Reihenfolge. Toaster, Kaffeemaschine, Mixer und Wasserkocher.« War dafür der Parship-Test verantwortlich, fragten sich beide und amüsierten sich köstlich darüber. Aber je länger der Abend dauerte, umso spitzer wurde seine Zunge und umso schneller seine kleinen Fingerchen. Ständig war er am Fummeln, am Grapschen, am Berühren. Hätte Goldie doch besser einen Hosenanzug anziehen sollen statt eines sexy Kleides mit »Blingbling«? Als sie sich sehr zurückhielt, meinte er, Goldie habe einen Keuschheitsgürtel angezogen, weil alles so schwer zu erreichen sei. Schließlich hob er plötzlich sein T-Shirt und zeigte ihr seinen durchtrainierten Oberkörper. Ja, dachte Goldie, er hat einen sehr attraktiven Waschbrettbauch, aber der Kopf passte leider nicht mehr zu diesem wunderschönen Körper. Unten Lyzeum und oben Museum. Er versuchte ständig, Goldie mit Komplimenten ins Bett zu bekommen. »Du hast eine traumhafte Figur, eine wunderschöne Haut. Wie hast du das gemacht, du hast ja gar keine Falten im Gesicht?« »Das sind die Gene«, meinte Goldie und zeigte ihm das Bild ihrer Mama, die mit 78 Jahren noch eine ganz glatte Haut hatte und für ihr Alter top aussah. Außerdem nehme sie das ägyptische Gold, nämlich täglich Arganöl. Er meinte, er fliege nächste Woche nach Ägypten. Goldie entgegnete: »Dann kannst du dir das ja auch vor Ort kaufen. Es wirkt Wunder, wenn du deine Haut täglich damit verwöhnst, denn die meisten Männer strecken ihr Gesicht in die Sonne und cremen sich noch nicht einmal ein.« Er meinte, er sei auch sehr viel auf der Sonnenliege, denn er liebe es, braun zu sein. Aha, da lag also die Wurzel des Übels! Goldie ging nicht in die Sonne, nur in den Schatten. Auch da wurde man braun. Noch ein letztes Aufbäumen von Prinz Eisenherz. Er wollte Goldies Wohnung sehen. Also zeigte sie ihm alle Räume. Als sie in ihrem Schlafzimmer ankamen, schmiss er sich aufs Bett und streckte ihr die Hand entgegen. Komm, Goldie, hier möchte ich mit dir die Nacht verbringen. Sie ließ ihren schmachtenden Prinz Eisenherz auf dem Bett liegen und verließ flugs den Raum. Prinz Eisenherz spürte sofort: Da würde heute nichts mehr laufen. War das der Preis, fragte sie sich, Sex für Geschenke? Die hätte sich Goldie auch selbst kaufen können. Schließlich zog ihr kleiner Prinz beleidigt ab. »Ach«, meinte er, »ich gehe jetzt, denn ich muss ja morgen früh raus.«

Nachdem das erste Treffen ohne sexuelle Handlungen auseinandergegangen war, war die Beziehung auch schon beendet. Prinz Eisenherz trat dann seine Parship-Tournee an, denn er teilte Goldie mit, dass er ab morgen für einige Wochen beruflich unterwegs sei. So schnell kann Liebe enden, wenn es keine sexuellen Handlungen gibt. Goldie war klar, solche Männer konnte man nicht gebrauchen, die nur den Körper lieben und nicht den Menschen. Und um einen Menschen zu lieben, braucht es Zeit. Beim ersten Treffen kann man keinen Menschen einschätzen. Denn der Mann kann sich verstellen oder manche zeigen sich nur von ihrer besten Seite. Aber was kommt danach? Goldie blieb sich selbst treu. Sie war weder eine Frau für eine Nacht noch für ein flüchtiges Abenteuer. Und genau dieser Mann hatte Goldie so sehr vor den Männern gewarnt. Eigentlich hätte er sie vor ihm selbst warnen müssen. Denn er war von allen Männern, die sie getroffen hatte, der schlimmste und aufdringlichste. Goldie hatte den ganzen Abend in Abwehrstellung bleiben müssen. Und musste ihren Körper von seinen schnellen Fingerchen befreien.

Reiseexperte auf Parship

Er war erst 48 Jahre alt und wohnte mindestens 300 Kilometer von Goldie entfernt. Er war ein sehr gut aussehender, klassischer Typ. Als er Goldie schrieb, antwortete sie: »Hast du falsch gelesen? Denn ich bin ja doch einige Jährchen älter als du.«

Seine Antwort war: »Aber Goldie, hör doch auf, ich habe doch ausdrücklich bemerkt, dass ich eine reifere Frau suche. Ich kann mit jungen Dingern nichts anfangen. Da du umwerfend aussiehst und sehr anziehend wirkst, kann ich es mir sehr gut vorstellen, dass dich dein Mann auf Händen getragen hat. Es würde mich freuen, wenn zwischen uns beiden mehr entstehen könnte. Ich würde vorschlagen, dass wir uns erst mal näher kennenlernen. Bitte gib mir deine E-Mail-Adresse. Und dann sehen wir, wohin das führt, natürlich nur, wenn du es wirklich willst. Außerdem suche ich keine Frau zum Altwerden, sondern eine Frau, um jung zu bleiben.« Goldie antwortete ihm sehr nett und freundlich und machte ihn darauf aufmerksam, dass sie doch sehr weit auseinanderwohnten. Scheinbar hatte er das noch nicht so richtig realisiert. Denn sein letzter Satz lautete: »Goldie, ich gehe jetzt noch schnell auf den Markt zum Einkaufen und dann melde ich mich wieder bei dir.« Er ging wohl auf den Markt, aber er kam nie wieder zurück. Er meinte noch, er sei nun seit 11 Tagen auf

Parship und der Slogan, »alle 11 Minuten verliebt sich ein Single über Parship« sei bei ihm leider noch nicht Wirklichkeit geworden. Goldie hat nie wieder von ihm gehört. Vielleicht hatte er auf dem Markt jemanden kennengelernt, denn nun sind bereits zwei Monate vergangen und er blieb verschollen. Zumindest hat er nicht mehr zu Goldie zurückgefunden. Goldie hat ihm aber auch nicht mehr geschrieben und auch keine E-Mail-Adresse geschickt.

Elektriker aus Hamburg, 54

Er meldete sich mit »Moin, Moin« bei Goldie. Oh Gott, dachte sie, der Herr kommt aus Hamburg. Er sah dazu auch noch gut aus, war sechs Jahre jünger als sie und ganz gut in Schuss. Nur vereinzelter Haarausfall im Frontbereich. Wie sagt man: »Das Gesicht wird immer länger« oder: »Er hat einen Vorgarten.« Als sie schrieb, »aber Hamburg ist doch viel zu weit weg!«, meinte er: »Meinen Job kann ich auch in Bayern ausüben, natürlich werde ich für dich umziehen.« Sofort wollte er Goldies Telefonnummer und rief auch gleich an, kaum dass sie diese übermittelt hatte. Sie telefonierten täglich und er meinte, er käme sie bald besuchen, denn in vier Wochen habe er ein paar Tage frei. Goldie meinte, er könne dann in ihrer Ferienwohnung übernachten. Allerdings alleine und nicht in ihrem Bettchen. Er nahm dankend an. Zuerst sprach er davon, dass er mit dem Auto käme. Dann meinte er, sein Auto schaffe die Fahrt nicht, denn es sei sehr alt und außerdem sei das Benzin zu teuer. Dann schlug er vor, mit dem Zug zu kommen. Er habe schon recherchiert, am 16.12. koste das Ticket für den ICE nur 29 Euro. Dann aber sollte die Rückfahrt 49 Euro kosten, das war ihm zu teuer. Schließlich kam ein Anruf: »Goldie, leider kann ich gar nicht kommen, denn mein Auto ist kaputtgegangen, nun muss ich erst ein neues Auto kaufen und mir bleibt kein Geld für die Fahrkarte übrig.« Er schrieb ihr, dass ihm noch 500 Euro fehlten, denn er hätte ein Auto gesehen, dass 1000 Euro koste, und er ließ Goldie gleich eine Webseite zum Ansehen zukommen, bei AutoScout sollte sie mal einen Blick darauf werfen. Das Auto war nicht schlecht und Goldie dachte: Nein, nein und wieder nein – dieses Mal wirst du kein Geld rausrücken, der soll schauen, wie er an das Geld kommt, oder zu Hause bleiben und zu Fuß zur Arbeit laufen. Sie hatte auch kein Auto! Goldie hatte nämlich in ihrem Leben schon einigen Männern unter die Arme gegriffen. Dieses Schema musste nun ein Ende haben: kein Geld mehr für Männer. Sie sagte: »Warum gehst du denn nicht zu deiner Familie und leihst dir dort das Geld?« Er meinte: »Goldie, die sind alle verstritten mit mir. Ich habe vier Kinder und nur Kontakt zu einem Sohn. Aber der hat es nicht so mit dem Arbeiten und den muss ich auch noch unterstützen.« Goldie meinte: »Aber da gibt es ja noch immer die Bank, denn du bist ja berufstätig.« Dann rückte er mit der Sprache raus und meinte, er hätte einen Offenbarungseid geleistet und solange die gesetzliche Wartezeit nicht vorbei sei, bekäme er kein Geld von der Bank. Er habe für seine vier Kinder keinen Unterhalt gezahlt und müsse da immer noch Geld nachzahlen. Männer, die für ihre Kinder nicht aufkamen, konnte Goldie gar nicht leiden, denn sie hatte auch für ihre Kinder alleine aufkommen müssen und der Vater hatte nicht dafür gezahlt. Er war vor 30 Jahren ins Ausland verschwunden und schuldete ihr noch immer die Unterhaltszahlungen. Goldie ging nicht auf das Betteln des Elektrikers ein und zog sich zurück. In so einen Mann wollte sie sich nicht verlieben. Sie wollte auf keinen Fall die Schulden ihres neuen Partners abbezahlen. Außerdem war er furchtbar eifersüchtig. So war er schon wütend gewesen, weil sie ihm keine Nachricht vom Münchner Weihnachtsmarkt geschickt hatte. Dann überprüfte er ständig ihre Aktivitäten bei WhatsApp und meinte: »Du warst schon wieder online, also doch viele Männer!« Aber Goldie hat viele Freundinnen und Familie und musste nicht mit Männern in ständigem Kontakt stehen. Damals hatte Goldie nur Herrn »Moin, Moin« geschrieben.

Dann, zwei Monate später, kam Herr »Moin, Moin« wieder auf die Plattform und auf ihr Profil. »Hallo, Goldie, ich möchte dich zu einem Urlaub nach Ägypten einladen, gehst du mit?« Er Goldie einladen? Eher sollte wohl Goldie ihn einladen! Sie schrieb: »Du warst ja nun lange in der Versenkung verschwunden und kommst nun wie Phönix aus der Asche wieder zum Vorschein. Hat es bei den anderen Damen nicht geklappt?« Sie stellte klar, dass sie nicht mit ihm nach Ägypten fliegen würde, da müsse er sich eine andere suchen. Er schrieb zurück, so habe er das ja auch nicht gemeint, er würde auch gerne seinen Urlaub bei ihr in Bayern verbringen. Aha, auf einen Gratisurlaub hatte er es also abgesehen. Er schien ein kleiner Schmarotzer zu sein. Goldie schrieb ihm, sie hätte sich nun verliebt und das Thema »Partnersuche« hätte sich damit für sie erledigt. Sie hörte nie wieder von ihm.

Arzt aus Berlin, 52

Mehrmals bekam Goldie eine Benachrichtigung von einem sehr gut aussehenden Arzt aus Berlin. Schwarze Haare, dunkle Augen – er war ein feuriger Typ und wollte sie unbedingt kennenlernen. Aber Goldie meinte, die Entfernung sei zu groß. Er ließ sich aber nicht abwimmeln und sagte: »Für die Liebe ist kein Weg zu weit.« Eigentlich hatte Doktorchen ja recht. Aber Goldie teilte ihm mit, dass er zwar recht habe, sie aber aus beruflichen Gründen auf keinen Fall nach Berlin umziehen könne. Außerdem sei sie eine Landpomeranze, in Großstädten fühle sie sich gar nicht wohl. Herr Doktor meinte, das sei nicht schlimm, er habe einen Sohn, der in München studiere, weshalb er öfters dort sei und sie dann besuchen kommen könne. Sie schrieben sich sehr interessante Mails und alles machte den Eindruck, dass dieser Herr ein ganz besonders netter Mensch war. Aber dann, als sich ihre Gespräche vertieften und Goldie meinte, ihre krebskranke Freundin sei an der Chemotherapie gestorben und nicht an ihrem Brustkrebs, löschte er sie sofort. Und das kommentarlos. Auf solche Themen konnte er sich als Arzt wohl nicht einlassen, denn er war Chirurg und verdiente ja an jeder Chemotherapie.

Dann plötzlich, zwei Monate später, als Goldie sich bei ElitePartner angemeldet hatte, bekam sie eine Mail von ebendiesem Herrn. Doktorchen hatte scheinbar ein schlechtes Gedächtnis – und das, obwohl er ja anscheinend zur »Elite« gehörte –, und hatte sie wieder angeschrieben. Sie schien in sein Beuteschema zu passen – blond und blauäugig. Goldie meinte: »Hallo, Herr Doktor, wir haben uns doch schon einmal friedlich bei Parship getrennt! Ich glaube, unsere Wege sollten sich gleich wieder trennen, denn es hat beim ersten Mal schon nicht so richtig geklappt.« Goldie hat dann auch nichts mehr von ihm gehört.

So konnte Goldie feststellen, dass viele Herren bei mehreren Partnerschaftsbörsen angemeldet waren. Aber nicht, um Erfahrungen zu sammeln oder um Bücher zu schreiben, sondern um eine Frau für eine Nacht oder gar fürs Leben kennenzulernen. Wer weiß? Goldie hatte nun sehr viel erlebt. Und in den Köpfen der Herren drehte sich das meiste ums Bettchen, weniger um den Menschen und um die Liebe. Dafür war sich Goldie zu schade! Lieber blieb sie alleine. Wo Liebe doch so etwas Schönes und Besonderes ist. Zuerst muss die Liebe da sein, dann kommt das Sexuelle von ganz alleine. Bei den Herren, die Goldie kennenlernte, war zuerst die sexuelle Liebe gefragt. Aber kommt dann auch die Liebe? Vielleicht hatte Goldie nur Pech. Aber sie sprach auch mit anderen Frauen, die ihr meistens von ähnlichen Erlebnissen berichteten.

Pilot aus Hamburg, 67

Ein gut aussehender Pilot schrieb Goldie an mit den Worten: »Süße Goldie, mit mir kannst du in den Himmel schweben. Ich fliege dich überall hin!« Für Goldie war das der reinste Horror, alleine der Gedanke, mit so einer kleinen Maschine durch die Welt zu fliegen! Goldie flog gerne, aber die Flieger waren alle größer als der, vor dem der Pilot auf seinem Profilbild stand. Also antwortete sie, dass sie nicht gerade Flugangst habe, dass seine Maschine ihr aber zu klein sei. Sicher würde sie Ängste entwickeln. Eine Boeing 737 müsste schon drin sein. Außerdem war er bereits 67 Jahre alt. Was würde sie tun, wenn es ihm am Steuerknüppel schlecht ginge und sie mit einem Bruchpiloten allein über den Wolken schwebte? Allein die Vorstellung trieb ihr den Angstschweiß auf die Stirn. Bei jeder Beziehung, dachte Goldie, muss man auch mal an die kritischen Szenarien denken, die sich so ergeben können, nicht nur immer an die schönen Seiten. Also, ein Pilot kam für sie nicht infrage. Zudem hatte Goldie ja ein Buch geschrieben, das hieß: »Piloten küsst man nicht!« Sollte sie nun ausgerechnet einen Piloten küssen? Er hörte nicht auf zu baggern, denn er hatte kein Verständnis für Goldies Entscheidung. Wo er doch früher für Lufthansa geflogen war und sich so viele Frauen und vor allem Stewardessen für ihn interessiert hatten. Außerdem meinte er, ihm könne so etwas nicht passieren, er sei einer der besten Piloten, die in der Luft zu finden seien.

George schrieb Goldie:

»Schöne Frau, ich möchte Sie gerne kennenlernen.« Sein Foto war sehr attraktiv und ansprechend. Goldie fragte nach, ob er ein aktuelles Foto eingestellt habe. Er meinte, in der Realität schaue er noch viel besser aus. Auf dem Foto war er schlank, hatte blonde Haare und war sehr groß. Für 59 Jahre noch sehr schnuckelig, dachte sie. Er gab an, selbstständig zu sein im Cateringgewerbe, und Goldie wunderte sich, dass er Tag und Nacht am PC war, um ihr zu schreiben. Wenn man arbeitet, hat man doch gar nicht so viel Zeit?! Das machte sie irgendwie etwas stutzig. Sie lud ihn dann an einem Sonntag zum Essen ein. Als Goldie an dem Tag aufstand, war ihr schon schlecht. Sie meinte, das sei kein gutes Omen, denn irgendwie hatte sie das Gefühl, mit diesem Treffen und dem Herrn stimme etwas nicht. Sie hatte aber am Tag zuvor bereits alles gekocht und wollte das Ganze nicht mehr rückgängig machen, denn er kam ja schließlich aus Stuttgart. Er hatte eine weite Anreise vor sich. Um Punkt 12 Uhr am Mittag klingelte es an der Haustüre. Goldie wollte zuerst fragen: »Was wünschen Sie?«, denn vor ihr stand ein alter, kranker Mann. Doch schon streckte er ihr die Hand entgegen und sagte: »Ich bin es, der George!« In der anderen Hand hatte er einen großen Blumenstrauß. Sein Lächeln war etwas aufgesetzt, scheinbar war ihm nun klar, dass der Schwindel aufgeflogen war. Groß – richtig; blond war grau, Haare eher kaum sichtbar, denn leider schon seit einigen Jahren ausgefallen, er hatte eine Teilglatze. Und er war nicht schlank, sondern fett – er konnte kaum noch laufen. Trotz des Schocks geleitete Goldie den Herrn höflich ins Haus und bat ihn, Platz zu nehmen. Zuerst verstaute sie die Blumen und dann servierte sie ihm eine Rindfleischsuppe mit Gemüse und Nudeln. Als er das ganze Gemüse aussortiert hatte, war Goldie schon bedient. Aha, Cateringservice, dachte sie, die lassen ja vor lauter vornehm sein immer Anstandsreste übrig. Als er das wahrnahm, meinte er: »Ich kann nicht mehr so viel essen, denn ich hatte erst kürzlich einen Herzinfarkt.« Noch bevor der Hauptgang kam, meinte George: »Na, wie findest du mich? Man sagt doch, innerhalb der ersten drei Sekunden entscheidet es sich, ob man sich verliebt hat. Hast du dich in mich verliebt?« »Es tut mir leid«, sagte Goldie, »aber ich habe nichts gespürt, oder besser gesagt, ich habe mich nicht in dich verliebt.« George meinte: »Bei dir gefällt es mir, hier würde ich gerne einziehen!« Goldie sagte: »Das geht nicht – und außerdem bist du ja selbstständig.« Er meinte, seit seinem Herzinfarkt arbeite er nicht mehr. Er habe das Geschäft mit seiner Frau geführt und hätte es vor einigen Jahren verkauft. Genauso hatte sich Goldie das vorgestellt. Nicht selbstständig, sondern arbeitslos. Als Hauptgericht gab es Rouladen mit Rotkohl und Knödeln. Das war Goldies Lieblingsessen – und sie kocht wirklich sehr gut. Dann sagte er doch tatsächlich: »Warum hast du keine Spätzle gemacht? Wir Württemberger essen lieber Spätzle und Knöpfli anstatt bayerische Knödel.« Goldie sagte: »Weil du heute mein Gast bist und ich lebe in Bayern und ich mag keine Mehlpampe.« Scheinbar konnte man sehen, dass Goldie gerade wütend war, denn sofort nach dem Essen stand er auf und meinte: »Ich gebe dir noch drei Tage, in den drei Tagen kannst du mir schreiben, wie du dich entschieden hast, für oder gegen mich.« Goldie antwortete harsch: »So lange musst du nicht warten, denn ich habe mich schon entschieden, und zwar dafür, alleine zu bleiben.« Goldie war so wütend auf diesen unverschämten Herrn, dass sie ihn nicht mal hinausgeleitete. George war sicher auch wütend, denn er ließ Goldies Haustüre offenstehen. Und das die ganze Nacht, mitten im Winter. Goldie merkte es erst am nächsten Tag, als sie das Haus verließ. Von dem grimmigen George hörte sie nie wieder.

Großer Baum aus Österreich, 61

Der große Baum war leider nur 1,72 m groß, dafür aber fast so breit wie hoch und sehr gewichtig. Das war leider nicht so nach Goldies Geschmack. Ihre Partner waren immer mindestens 1,85 m groß gewesen und jünger als sie. An kleine Männer musste sie sich erst einmal gewöhnen. Der Österreicher passte so gar nicht in ihr Beuteschema. Sein Foto zeigte den großen Baum gemeinsam mit einem wunderschönen Hündchen. Darunter stand: »Leider schon verstorben.« Wer war nun verstorben – der Hund oder das Herrchen? Na ja, das Herrchen schrieb sie dann an, es musste sich also offenbar um den Hund handeln, der schon nicht mehr lebte. »Goldie, du gefällst mir, ich möchte dich unbedingt treffen!« Goldie schrieb zurück: »Das geht leider nicht, denn du bist Beamter. Mit Beamten habe ich leider keine so guten Erfahrungen gemacht.« Ständig hatte Goldie Ärger mit Ämtern und Behörden. Sie waren ihr einfach zu engstirnig. »Außerdem lebst du viel zu weit weg.« Er meinte, das mache nichts, diesen Weg nehme er gerne auf sich, um sie kennenzulernen, und er sei ein sehr netter Beamter, nicht so wie die sonstigen Sesselpupser, die er ja auch kenne. Die gäbe es in Österreich auch. Er könne sie tatsächlich verstehen. Dann sah Goldie in seinem Profil: »Ich suche keine Faschistin und keine Narzisstin.« Vielleicht hat er noch »Salafistin« und »Terroristin« vergessen, dachte Goldie und schrieb ihm zurück: »Lieber großer Baum! Beim genauen Durchlesen deines Profils habe ich festgestellt, dass da Dinge stehen, die mir gar nicht gefallen. Ich dachte eigentlich, dass man auf einer Singlebörse einen Partner oder eine Partnerin sucht und ich denke, deine politischen Äußerungen machen dein Profil unsympathisch. Wir passen nicht zusammen!« Aber der große Baum gab nicht nach. Er entfernte seine Äußerungen, was ja für die nächsten Damen gut war, und baggerte Goldie weiter an. Er hatte weiße Löckchen auf dem Kopf und ein nettes Lächeln. Er war kein hoher, aber ein breiter Baum. Dann wollte er Goldies Stimme hören und fragte nach ihrer Rufnummer. Goldie, so naiv wie sie anfangs war, gab ihm ihre Telefonnummer. Und noch keine 10 Minuten später klingelte das Telefon. Es war der große Baum. Er meldete sich mit einer Fistelstimme und Goldie hatte fast das Gefühl, sie rede mit einem ihrer Enkelkinder. Mit der Zeit dachte sie dann jedoch, der hörte sich doch tatsächlich an, als wäre er ein Callboy. Er säuselte ihr ins Ohr, dass er sie in den nächsten Wochen besuchen kommen wollte. Goldie erinnerte sich an die Fotos mit dem Hund und dem unaufgeräumten Wohnzimmer – sie hatte noch gedacht, wie kann man nur so ein Foto ins Internet stellen? Der hätte doch, bevor er ein Foto macht, noch ein bisschen aufräumen können. Oje, wie würde dann ihre Wohnung aussehen, wenn sie mit so einem Chaoten zusammenwohnen würde? Er bestand auf Goldies Adresse und machte schon einen Termin für seinen Besuch aus. »Die Adresse werde ich dir schicken«, sagte Goldie, »bevor wir uns treffen.« Er war einverstanden. Er schrieb noch eifrig liebevolle Mails, er würde gleich mit ihr zum Tanzen gehen und er, genau er sei der Mann, der sie glücklich machen könne. Er sei großzügig, liebevoll, sportlich, gehe gerne spazieren, sei 61 Jahre alt und komme bald in Rente. Jedes Mal, wenn Goldie das Wort »Rente« hörte, reagierte sie wie vom Donner getroffen – die Hoffnung auf das damit verbundene Nichtstun passte so gar nicht zu ihrer Lebenseinstellung. Sie schrieb: »Lieber großer Baum, sei mir nicht böse, aber ich habe mich in einen anderen Herrn verliebt, dann erübrigt sich unser Treffen.«

Der große Baum war richtig wütend. Anstatt ihr Glück zu wünschen, löschte er sie sofort aus der Liste seiner Kontakte. Aber lieber »großer Baum«, nun habe ich dich sogar in einem Buch erwähnt. Danke fürs Löschen!

Goldie schrieb an Parship:

»Leider musste ich feststellen, dass aus meiner Region kaum Herren bei Ihnen angemeldet sind. Das veranlasst mich, den Vertrag bei Ihnen zum nächstmöglichen Termin zu kündigen. Noch eine Bitte an Ihr Unternehmen: Bitte überprüfen Sie die Fotos der Herren genauer. Bei vielen Herren kann man das Gesicht nicht erkennen und einige tragen Sonnenbrille, um nicht erkannt zu werden. Leider sind die Fotos der meisten nicht mehr aktuell. Bitte machen Sie Ihre Kunden darauf aufmerksam, keine veralteten Fotos aus der Jugend einzustellen. Denn dann kommt das böse Erwachen spätestens beim ersten Treffen. Das ist mehr als unangenehm.«

Goldie bekam dann die Bestätigung der eingegangenen Kündigung, aber sonst kam kein Kommentar auf ihr Schreiben zurück.

Da Goldies Freundinnen sie wegen der anfänglich vielen Zuschriften immer die Parship-Queen nannten, meinten sie, ihr neues Buch sollte heißen: »Parship-Queen sucht Traummann«. Goldie meinte, das rieche nach Ärger, sollte sie ohne Genehmigung den Namen von Parship verwenden. Also schrieb Goldies Verlag an Parship und bat darum, den Namen Parship-Queen verwenden zu dürfen.

Parship antwortete: »Schade, aber das können wir Ihnen nicht erlauben, denn es könnte der Eindruck entstehen, es handele sich um ein Buch, das von uns, Parship, in Auftrag gegeben wurde.«

Eine logische Folgerung, dachte Goldie. Dann wollte der Verlag den Titel des Buches auf ›Paarschiff-Queen sucht Traummann‹ verändern. Aber mittlerweile war Goldie auch nicht mehr die Parship-Queen, sondern die LoveScout-Queen. Eigentlich hätte sie fast schon eine Sekretärin einstellen müssen, um allen Anfragen gerecht zu werden. Ein junger Mann schrieb ihr, als sie nicht sofort auf seine Mail reagierte: »Goldie! Du besitzt keinen Anstand. Ich habe dir bereits mehrmals geschrieben und du hast mir nicht einmal geantwortet. Antworten bedeutet Höflichkeit. Und wenn ich dir nicht gefalle, einfach absagen!« Goldie entschuldigte sich bei dem Herrn und teilte ihm mit, dass sie ja auch noch arbeiten müsse und nicht so viel Zeit habe, alle Zuschriften am gleichen Tag zu beantworten. Außerdem lösche sie sofort Herren, die so gar nicht zu ihr passten.

Es ist tatsächlich so, entweder die Damen und Herren stellen kein Foto ein oder machen sich trotz Foto so unkenntlich, dass man ihnen gar nicht schreiben oder auf ihre Schreiben antworten möchte.

Ein Herr ohne Foto schrieb Goldie auf Parship an: »Darf ich Sie näher kennenlernen? Sie gefallen mir!« Goldie antwortete: »Mit einem Phantom möchte ich nicht kommunizieren.« Er bat um Goldies Rufnummer, um ihr ein Foto von sich zu schicken. Seine Beschreibung war verlockend, er sei so ein gut aussehender Mann, sie würde etwas ganz Wichtiges versäumen. Also gab Goldie ihm ihre Telefonnummer. Und prompt bekam sie drei Fotos. Goldie war entsetzt, der Herr hätte, obwohl er erst 55 Jahre alt war, ihr Opa sein können. Auf einem Foto war er noch mit einer wirklich hübschen Frau zu sehen. Goldie gab nun keine Telefonnummer mehr heraus, bevor sie den Herrn nicht besser kannte.

Ein anderer, gut aussehender Herr aus München bat sie ebenfalls um ihre Telefonnummer. Sie gab ihre Nummer frei und er schrieb: »Komm, Goldie, schick mir bitte noch ein paar schöne Fotos von dir.« Goldie sagte: »Warum? Du hast doch bereits vier Fotos von mir auf Parship gesehen und keines der Fotos ist älter als 3–6 Monate.« Er meinte: »Aber ich möchte Nacktfotos!« und im Anhang befand sich ein Foto des Herrn, wie er halb nackt im Bett lag. Goldie löschte ihn sofort aus ihren Kontakten, blockiert ihn und sperrte ihn auf Parship. Das ist möglich – wenn Ihnen jemand zu aufdringlich wird, dann können Sie ihn gleich direkt über ihr Profil sperren.

Mittlerweile tummeln sich auch Typen auf diesen Seiten, um Frauen finanziell abzuzocken. Goldie hatte bereits mehrmals das Vergnügen gehabt. Sie hatte die Typen aber gleich erkannt. Sie schreiben meistens in englischer Sprache und sülzen nur herum. Wie toll, wie schön, wie wunderbar, gib mir gleich deine Telefonnummer, wir skypen. Einmal verglich sie die Profile der

Herren, beide kamen aus dem gleichen Ort und waren angeblich Brasilianer. Goldie schrieb auf beide Mails zurück: »Ihr zwei seid Betrüger, scheinbar wollt ihr nur die Frauen abzocken und um ihr hart verdientes Geld bringen – und wenn ihr mich noch einmal anschreibt, werde ich euch sofort melden.« Sie bekam keine Mails mehr und konnte dann sehen, dass beide gesperrt wurden. Scheinbar hatten sie noch mehre Frauen angebaggert. Bei Parship bekam Goldie anfangs zwischen 20 und 40 Anfragen am Tag. Dass LoveScout diese Anzahl noch toppen würde, hätte Goldie nie gedacht.

Nachdem Parship schon abgegrast war – es kamen immer wieder die gleichen Gesichter –, dachte Goldie, na ja, da war ja nun keiner dabei, der ihr gefallen hätte, also wollte sie ihr Glück auf LoveScout versuchen. Bei Parship kamen auch keine Herren aus ihrer Region. Oder passten die Profile nicht zusammen? Nun versuchte Goldie gleichzeitig ihr Glück auf LoveScout. Goldie hatte eine Freundin, die bereits ihr Glück auf dieser Seite gefunden hatte. Sie war nun glücklich verheiratet und hatte sich seit Jahren nicht mehr bei ihr gemeldet. Das war doch ein gutes Zeichen! Damals hatte die Seite noch FriendScout geheißen. Goldie hatte aber auch eine Freundin, die meinte, dass nie die richtigen Herren für sie dabei gewesen seien. Zwei der Typen hatte sie Goldie bereits vorgestellt, aber die Liebe hatte nie länger als zwei Monate gehalten. Schließlich hatte sie jemanden über eine andere Freundin kennengelernt. Also: Nicht immer findet man das große Glück auf einer Partnerbörse. Man sollte den Blick im eigenen

Umfeld nicht vernachlässigen, im Supermarkt laufen auch viele Singlemänner oder Singlefrauen herum. Sie müssen nur in die Einkaufswagen schauen: Kaufen sie kleinere Einheiten und keine Pampers und keine Kindernahrung, dann den netten Herrn oder die nette Dame einfach nach einem Produkt fragen, das Sie angeblich suchen. Vielleicht klappt es auch im Supermarkt mit der großen Liebe.

Große Erfolge beim Kennenlernen eines Partners können Sie erzielen, wenn Sie täglich mit Ihrem Hündchen spazieren gehen. Zumindest machen Sie dann die Bekanntschaft von Hundeliebhabern. Und wenn Sie schon ein Hündchen haben, sollte ihr Partner doch auch ein Hundeliebhaber sein, oder?

Goldie und der Schlussmacher, 59

Da war was los bei LoveScout! Gerade mal für einen Monat zum Testen angemeldet, kamen bereits bis zu 60 Anfragen am Tag. Goldies Finger taten schon weh vom Schreiben der Antworten. Dann ging sie aufs Partnerroulette und schaute sich die Herren näher an. Einer der Herren hatte ihr bereits geschrieben und wollte sich mit ihr treffen. Goldie dachte: Na ja, 59 Jahre ist er alt und er sieht noch ziemlich frisch aus, aber dafür total spießig. Sollte sie ihm tatsächlich zurückschreiben? Goldie mochte ja lieber etwas jüngere Männer. Denn die älteren redeten meistens über Krankheiten. Das wollte sie sich nicht antun. Aber er war der erste Herr aus dem gleichen Ort. Wie sich bald herausstellte, wohnte er nur zwei Straßen weiter. Ein glücklicher Zufall? Aber zuerst musste Goldie den netten Herrn kennenlernen. Nach längerem Hin- und Herschreiben trafen sie sich dann bei ihr. Er schrieb ihr, dass er 17 Jahre verheiratet gewesen sei, seine Frau nie geliebt habe und sie sich nach dem Tod ihres gemeinsamen Kindes getrennt hätten. Er hatte seine damalige Frau nur geheiratet, weil ein Kind unterwegs war. Beim Joggen hatte er einen Herzinfarkt erlitten, er habe Diabetes, Bluthochdruck und Prostatakrebs, weshalb er erst kürzlich operiert worden war. Goldie ging das Herz auf. So viel Unglück – und das in so kurzer Zeit hintereinander! Da brauchte er sicherlich viel Liebe und Geborgenheit. Und Goldie mit ihrem Helfersyndrom fühlte sich sofort auserkoren, diesen Mann zu unterstützen und ihn wieder glücklich zu machen. Nach den Fotos zu urteilen, war er nicht direkt Goldies Typ. Aber so viel Leid hatte er erlebt, da musste man ihm einfach helfen. Sie machten also einen Termin für ein Treffen am Mittwochabend, den 22.2., aus. Ein gutes Datum, dachte Goldie noch. Punkt 18 Uhr klingelte es bei Goldie an der Tür. Es war ihr erstes Date mit Wolfgang. Goldie machte die Tür auf und war hin und weg. Wow, was für ein toller Mann, dachte sie. Er hatte auf den Fotos etwas langweilig und bieder ausgesehen. Aber in natura war er genau ihr Typ. Sie stotterte herum und bat ihn, reinzukommen. Als Goldie ihn auf dem Foto gesehen hatte, dachte sie zuerst, was ist das denn für ein komischer Kauz? Sollte sie sich so etwas antun? Da er aber so ein armer Mann war, hatte Goldie gleich für ihn gekocht. Nur gesund, denn er gab an, dass er sich sehr gesundheitsbewusst ernährte. Das war verständlich, schließlich war er ja sehr krank. Es gab selbst gemachte Suppe, Salate und natürlich Garnelen. Kater lieben ja bekanntlich Garnelen. Und er war ein Riesenkater, denn er war vom Sternzeichen ein Löwe. Alles nur gewürzt mit Kräutern und ohne Salz. Er brachte Goldie einen wunderschönen Rosenstrauß mit. Was sie allerdings wunderte, war, dass die Rosen weiß waren – und weiße Rosen symbolisierten nach Goldies Auffassung eher einen Abschied. Sie sagte: »Möchtest du dich bereits von mir verabschieden mit den weißen Rosen?« »Nein, auf keinen Fall! Ich wusste nicht, dass weiße Rosen für Abschied stehen«, meinte er, »und außerdem haben sie ja immerhin einen roten Rand.« Er habe nicht gewagt, mit roten Rosen bei ihr aufzutauchen, denn er sei etwas schüchtern. »Du wohnst genau an meiner Joggingstrecke«, meinte er, »und ich habe dich schon mehrmals gesehen.« Er sagte: »Goldie, du bist mir schon damals mit deiner Schönheit positiv aufgefallen. Ich sah dich, als ich an deinem Haus vorbeijoggte, mit einer Freundin ins Haus gehen.« Auch Goldie konnte sich an ihn erinnern, auch er hatte schon damals einen positiven Eindruck bei ihr hinterlassen. Es wurde ein sehr schöner Abend, Goldie und er schienen sich sehr gut zu verstehen. Sie konnten sich wunderbar unterhalten und Goldie dachte: Das ist er, nun kann ich mein Profil gleich löschen! Er war intelligent, gut aussehend, groß, schlank, furchtbar nett und sensibel. Beim Abschied zog er Goldie an sich und gab ihr einen innigen Kuss. Aber für mehr war Goldie nicht bereit. Und bereits beim Küssen kann man ja bekanntlich feststellen, ob da mehr ist als nur eine oberflächliche Romanze. Sie mussten und wollten sich beide wiedersehen. Aber als Wolfgang am Abend das Haus verließ, sah er blass und müde aus. Hatte ihn das Treffen überfordert?

Goldie und Wolfgang trafen sich nun regelmäßig. Sie waren sich beide einig, dass jeder in seiner Wohnung wohnen bleiben und sie sich immer nur am Wochenende sehen würden. Also beschlossen beide, dass sie eine Freitag-bis-Sonntag-Beziehung führen würden. Das war genau nach Goldies Geschmack, denn so hat sie keinen schlecht gelaunten Mann im Haus, wenn er müde und gestresst von der Arbeit kam, und man teilte nur die schönen, glücklichen Stunden miteinander. Der Schlussmacher, also Wolfgang, war einverstanden. Goldie fühlte sich gleich von ihm angenommen, denn er suchte ja nach einer gefühlvollen, friedlichen und zärtlichen Frau. Genau diese Eigenschaften besaß Goldie.

Dann kam der Freitag. Goldie hatte wieder für ihn gekocht. Er wollte sie zwar zum Essen einladen, aber Goldie meinte, sie esse nicht so gerne außer Haus, weil sie wenig gute Lokale im Ort kenne. Wieder verbrachten sie einen schönen Abend zusammen. Er fragte: »Goldie, darf ich dieses Wochenende bei dir übernachten? Ich habe alles im Auto.« Goldie war zwar etwas überrascht, sie kannten sich nun zwar schon länger, aber außer Küssen war noch nichts passiert. Und Goldie hörte sich trotzdem Ja sagen, das gehe schon in Ordnung. Sie saßen noch auf der Couch, als sie ihn ganz leise sagen hörte: »Ich bin impotent, seit meiner Prostata-OP.« Das hätte er Goldie eigentlich nicht sagen müssen, denn das hatte sie bereits vermutet. Goldie meinte, das mache ihr nichts aus. Und sie dachte insgeheim, dass das sogar sehr gut war, denn dann gab es kein Aids und keine Geschlechtskrankheiten und sie brauchten keine Verhüterli. Der Schlussmacher war tatsächlich ein zärtlicher Liebhaber und schien total selbstlos in dem Ganzen aufzugehen. Er war ein Mann, mit dem man alt werden konnte. Also, Mädels, keine Angst vor impotenten Männern. Sie haben eine ganz besondere Art, Frauen glücklich zu machen! Dann erzählte er ihr, dass er schon im letzten Jahr bei Parship angemeldet gewesen und nun bei LoveScout sei. Insgesamt sei er schon über zwei Jahre auf Datingportalen zu Hause. Goldie fing an, nachzudenken. Er hatte mehrere Damen kennengelernt, aber es hatte für ihn nie richtig gepasst. Er meinte, immer habe er die Beziehungen beendet. Nie habe er sich richtig verliebt, vermutlich könne er nicht mehr lieben. Einmal war ihm die Fahrerei zu blöd, dann die Frau zu egozentrisch, dann wollte die Dame immer eingeladen werden. Goldie hörte ihm gut zu und machte sich bereits Gedanken darüber, was er an ihr, seiner Goldie, wohl auszusetzen hätte? Er beklagte noch, er könne sich ganz schlecht verlieben, sagte aber, dass er sie liebe. Er machte auch schon Pläne, mit Goldie im August eine Hochzeit zu besuchen, obwohl Goldie das glückliche Paar gar nicht kannte. Ein Doppelzimmer hatte er bereits gebucht. Vielleicht war sie unter den angeblich vielen schlechten Frauen noch eine von den besseren, die er kennengelernt hatte. Goldie war und ist ja eine brave, verständnisvolle und großzügige Partnerin, die selten meckert und keine Launen hat. Sie ist sehr ausgeglichen, kichert und lacht aber sehr gerne. Schließlich fragte er Goldie, was sie gemeinsam unternehmen wollten, denn er habe Ende März Urlaub. Goldie machte den Vorschlag, die Zeit am Bodensee zu verbringen. Der zärtliche Schlussmacher war einverstanden. Er und Goldie verbrachten ihre Wochenenden gemeinsam in den Bergen oder irgendwo am Bodensee. Beide liebten diese Region. Oft fiel Goldie auf, wie die Frauen bewundernde Blicke auf sie warfen. Man konnte sehen wie sie dachten, so verliebt wären sie auch gerne mal, oder was für ein tolles Paar die beiden seien.

Es war sehr schön und unterhaltsam mit ihm. Es hätte für immer so weitergehen können. Goldie hatte sich tatsächlich verliebt, obwohl sie eigentlich nicht so leicht zu begeistern war, jüngere Männer bevorzugte und der Meinung war, sie könne sich nie mehr verlieben. Der Schlussmacher erwähnte manchmal: »Ach Goldie, ich bin eigentlich zu alt für dich. Du bist so quirlig und rennst immer so viel herum.« Jedes Wochenende musste er noch einmal zwei Stunden schlafen nach dem Aufwachen oder am Nachmittag. Er meinte, er sei immer so müde. Sicher waren das seine Blutdrucksenker. Aber Goldie wollte ihm keine Tipps geben, obwohl sie eine Ausbildung als Heilpraktikerin hatte. Nicht dass er wieder einen Herzinfarkt bekäme! Er hatte auch noch Diabetes, Bluthochdruck und Augenprobleme. Aber Goldie war so verliebt – er hätte auch einarmig oder einbeinig sein können, sie hätte das in keiner Weise gestört. Morgens und abends lagen immer seine Tabletten auf dem Tisch. Das erinnerte Goldie irgendwie an ihre kranke Mutter. Nur mit dem Unterschied, dass ihre Mama 20 Jahre älter war als Wolfgang. Aber wo die Liebe hinfällt ...

Dann sprachen sie über Politik. Er wählte immer die Grünen und Goldie war FDP- oder CSU-Wählerin. Goldie sagte im Spaß: »Ich dachte, nur Arbeitslose und Ausländer wählen grün!« Er meinte, er wähle grün, seit er denken könne. Aha, dachte Goldie, ein Gutmensch nach dem Motto Laisser faire – Gewähren lassen! Gute Menschen sind ja wunderbar, Goldie war auch ein guter Mensch, aber anders gut. Sie sprachen über das

Problem der Einwanderung. Goldie meinte: »Diesen Menschen muss man helfen, aber in ihrem Land. Die Kriegsflüchtlinge haben es auch verdient, hier zu sein, denn bei ihnen herrscht Krieg, aber wo sind die Frauen und Kinder geblieben? Sind Frauen und Kinder nichts wert? Nur die Männer? Aber komisch, sie wollen alle nur nach Deutschland, weil es da am meisten Geld gibt. Aber solange sie in Sicherheit sind, dürfte sie das eigentlich nicht interessieren. Sie würden sogar sterben, nur um nach Deutschland zu kommen. Hier leben ja nur noch Männer, die von zu Hause weglaufen.« Dann sahen der Schlussmacher und Goldie in den Nachrichten, dass die Grünen das Gesetz blockierten, das es ermöglichen sollte, Asylsuchende aus Tunesien und Marokko wieder dorthin abzuschieben. Goldie meinte: »Das ist ärgerlich, denn in ihren Ländern herrscht kein Krieg und es gibt kein Einreiseverbot für diese Länder – viele Deutsche machen dort Urlaub.« Er monierte jedoch, dass jeder ein Recht auf ein gutes Leben habe – warum sollten sie nicht zu uns kommen? Goldie spürte, dass sie sich mit ihm nicht mehr über Politik unterhalten sollte. Denn Wolfgang wirkte jedes Mal etwas verärgert. Es gab keinen Streit, aber bei ihm fiel zum ersten Mal das Wort »Rassistin«. Goldie dachte zunächst noch, er hätte das nur zum Spaß gesagt, aber sie wurde bald eines Besseren belehrt.

Dann sagte Goldie zu Wolfgang, sie würde sich jetzt von LoveScout verabschieden, denn sie habe ja nun ihn gefunden. Goldie hatte auch nur einen Monat für 39 Euro gebucht, um sich das ganze System mal anzuschauen.

An ein Buch hatte sie damals noch nicht gedacht. Eigentlich wollte sie einen netten Mann kennenlernen. Aber der Schlussmacher erwiderte nichts auf ihre Worte. Seine Seite war noch immer sehr aktiv und Goldie konnte sehen, dass er weiterhin auf der Seite zugange war. Denn man konnte sehen, wann jemand zuletzt auf der Seite online war. War das nur seine Neugierde oder war er noch immer am Rumbaggern? Hatte er immer noch nicht die Richtige gefunden? Aber Goldie wollte ihn nicht fragen, sondern sie löschte einfach ihre Bilder bei LoveScout. Dann waren es am Tag keine 40 bis 60 Anfragen mehr, sondern nur noch 5 bis 10. Goldie konnte aufatmen. Diese Seiten können einem tatsächlich das Gefühl vermitteln, man sei der begehrenswerteste Mensch auf Gottes Erden. Und sie können offensichtlich manch einen auch süchtig machen. Oder aber auch mit viel Arbeit zuwerfen. Denn jeder möchte, dass man seine Anfrage beantwortet, was ja auch verständlich ist. Dann teilte Wolfgang seiner Goldie mit, er treffe sich heute Nachmittag mit einem Arbeitskollegen. Er käme dann etwas später bei ihr vorbei. An ihrem Kennenlerntag einige Wochen später hatte er noch einen Termin in den Bergen zum Kaffeetrinken mit einer Arbeitskollegin. Goldie dachte sich schon ihren Teil, ließ aber keine Eifersucht aufkommen. Sie hatte ja keinen Anspruch auf diesen Löwe-Mann. Er war Sternzeichen Löwe, immer auf der Jagd, geliebt zu werden. Goldie ist ein familiärer, herzensguter Krebs, der in der Mitte der Familie aufgeht. Und Goldie fragte auch nicht weiter nach. Goldie meinte, sicherlich hätte er noch einige Dates vor ihrer Zeit ausgemacht und wolle nicht unhöflich sein. Aber er war ja ein Terminator – aus dem Englischen übersetzt heißt das Schlussmacher. Er war und blieb ein Schlussmacher von Beziehungen. Goldie hatte das Gefühl, dass er niemanden lieben konnte, weil er sich auch selbst nicht lieben konnte. Er war immer auf der Flucht und nicht bindungsfähig. Auch in seiner Ehe hatte er nur eine Wochenendbeziehung geführt. Er hatte noch nie von montags bis sonntags mit jemandem zusammengelebt. Goldie sagte einmal zu ihm: »Eigentlich warst du dein ganzes Leben lang immer Junggeselle, obwohl du verheiratet warst und ein Kind hattest.« Das hat er ihr dann auch so bestätigt.

Der Schlussmacher hatte vorher noch die Enkeltochter von Goldie kennengelernt. Er fand sie ganz entzückend und sie, erst 11 Jahre alt, meinte: »Och Omi, ist das ein toller Mann!« Er lud sie beide ins Kino ein bei Popcorn und Cola. Der Film hieß: »Lion – der lange Weg nach Hause«. Als dann in dem Film die Szene kam, in der der junge Mann seine Familie wiederfindet und er seine Mutter nach dem Bruder fragt, sagt diese: »Dein Bruder ist im Himmel, bei Gott!« In diesem Moment liefen bei dem Schlussmacher die Tränen. Mit Sicherheit hat er bei diesen Worten an seinen verstorbenen Sohn gedacht – und Goldie liebte ihn dafür noch mehr. Der Schlussmacher war in ihren Augen ein wunderbarer, empathischer Mensch. Und Goldie weinte mit ihm. Sie verliebte sich immer mehr in ihn, denn sie liebte es, wenn Männer Gefühle zeigen können. Bei Goldie muss ein Mann nicht stark sein. Er darf auch mal Schwäche zeigen und weinen.

Das letzte gemeinsame Wochenende

Eigentlich begann alles ganz harmonisch. Viel Liebe, viel Glück – nichts sah nach einer Trennung aus. Er meinte, er sei noch sehr müde und wolle noch ein wenig länger schlafen. Meistens legte er sich noch einmal für zwei Stunden hin. Das war ein ungewohntes Ritual für Goldie. Aber sie sagte sich, das sei in Ordnung, dann könne sie den Kuchen backen, den sie zu ihrer Familie mitnehmen wollten. Aber vielleicht hatte er sich während dieser Ruhephase auch etwas ganz Besonderes ausgedacht. Nämlich mit ihr Schluss zu machen! Goldie war mit dem Backen des Kuchens fertig und hatte bereits das Frühstück gerichtet. Bio-Lachs, Schinken, Brot, Kaffee, selbst gemachte Kiwi Marmelade. Dann kam ihr Schlussmacher durch den Rundbogen ins Esszimmer gestürmt. Was war das für ein böser Blick? Goldie fragte sich, was den denn gestochen hat. So hatte er noch nie ausgeschaut. Gleich würde etwas Unangenehmes auf sie zukommen. Er setzte sich hin, Goldie schenkte ihm einen Kaffee ein und während er sich das Lachsbrot herrichtete, sagte er: »Ich muss mit dir reden!« Goldie hatte es geahnt, und nun war es so weit! Der Schlussmacher sagte: »Es wäre nicht fair, wenn ich heute mit dir zu deiner Familie fahre.« Das Warum kam sofort. Er meinte: »Wir passen einfach nicht zusammen! Du bist zu pingelig, willst dich ständig duschen (zweimal am

Tag) und ich komme mit deiner Lebenseinstellung nicht klar, du bist mir zu rechtsradikal!« Goldie war sprachlos. Rechtsradikal! Auf keinen Fall, dachte sie! Goldie war nur radikal gegen Menschen, die hier kriminell werden. Egal ob das Deutsche oder Ausländer sind. Aber Goldie wollte sich weder verteidigen noch wollte sie jemanden halten, der nicht bei ihr sein wollte. Sie hörte sich noch sagen: »Okay, ich werde dich und deine Nachrichten aus meinem Account löschen. Nichts mehr, aber auch gar nichts mehr soll mich an dich erinnern.« Goldie wollte keine Aussprache. Sie wollte auch nicht wissen, ob er eine andere auf LoveScout kennengelernt hatte. Dann konnte sie sehen, wie seine Augen feucht wurden. Sie sagte nur: »Du kannst noch deinen Kaffee austrinken und nach dem Frühstück wirst du sofort gehen. Aber du hättest nicht wochenlang warten müssen, um mir das zu sagen, denn ich hätte sonst niemals mit dir mein Bett geteilt. Das kommt mir vor wie Hire and Fire!« Scheinbar hatte er diese Reaktion so nicht erwartet. Sicher wusste er selbst nicht, was er damit angerichtet hatte. Goldie hätte alles für diesen kranken Mann in Kauf genommen. Sie störten weder seine Pillen, die ständig in einem Döschen auf dem Tisch standen, noch alle seine Krankheiten. Und sie störte es auch nicht, dass er täglich ein Mittagsschläfchen von fast zwei Stunden halten musste wie ein Baby. Wusste dieser Mann in dem Moment eigentlich, was ihm entgangen war? Oder wollte er die quirlige Goldie vor etwas bewahren? Wusste er mehr, als er Goldie sagen wollte? Kürzlich hatte er einen Arzttermin gehabt. War das der Grund? War sein Krebs wieder zurückgekommen?

Goldies Familie, die an dem Tag auf den Kuchen wartete, war total entsetzt, als sie das Treffen absagte. Ihre Enkeltochter war richtig wütend auf ihre Omi und sagte: »Was hast du denn mit ihm gemacht? Warst du böse zu ihm? Er war doch so nett!« Goldie nahm alle Schuld auf sich und bestätigte, dass sie einen der nettesten Kerle verloren hatte. Er war einer der wenigen gewesen, die Goldies Herz berührt hatten. Man kann ja einem kleinen, enttäuschten Mädchen so etwas nicht erzählen.

An diesem Tag ging die Türe zu und Goldie war wieder alleine. Bevor er ging, sagte er noch: »Und wie läuft das nun ab, wenn wir uns wieder begegnen? Wirst du nun nichts mehr mit mir zu tun haben wollen?« Goldie sagte: »Wenn du wieder an meinem Haus vorbeijoggst, kannst du ja mal winken, vielleicht werde ich zurückwinken.« Eine seltsame Ruhe war das wieder. Das Einzige, was ihr vom zärtlichen Schlussmacher noch blieb, waren die wunderschönen Blumen vom letzten Mal, die noch wochenlang hielten. Sie verströmten noch immer einen wunderbaren Duft und ließen so kein sofortiges Vergessen zu. So pflegte sie die Blumen des Mannes, der nun nicht mehr Teil ihres Lebens war. Aber damit musste Goldie nun fertig werden. Dann dachte Goldie: »Wie kommt der Schlussmacher auf rechtsradikal?« Das machte sie sehr traurig und betroffen. Diese Aussage konnte sie ihm so schnell nicht verzeihen. Man muss ja nicht immer die gleichen Interessen wie sein Gegenüber haben. Man muss auch die Meinung der anderen gelten lassen können, ohne sie in ihren Gefühlen zu verletzen. Goldie unterstützt eine Familie auf einer

M. Zacharias
2017

Insel bei Manila, schon seit 32 Jahren. Sie schickt ihnen monatlich Geld, damit sie gut leben können. Hatte sie ihm das auch gesagt? Und Goldie war weit gereist und liebte fremde Kulturen. Plötzlich konnte Goldie es sehen: Auf dem Kachelofen lag ein Prospekt der AfD. Er war vor einigen Monaten an alle Haushalte versandt worden und sie hatte ihn achtlos, ohne sich etwas dabei zu denken, auf dem Kachelofen in einem Korb liegen gelassen. War er es gewesen, der den Schlussmacher vertrieben hatte?

Goldie leckte wochenlang ihre Wunden und auch das erneute Einstellen ihrer Profilbilder bei LoveScout konnte ihren anfänglichen Schmerz über die verlorene Liebe nicht mindern. Der Schlussmacher war ein wirklich sehr netter, kränklicher, älterer Herr gewesen, aber auch etwas eingefahren, mit einigen Ecken und Kanten. Goldie hoffte, dass er glücklich werden würde und die Frau fürs Leben finde, die zu ihm passte. Es ist nicht so einfach, einen Menschen zu finden, der auch bei Krankheit zu einem hält, da man ja nicht zusammen alt geworden ist. Zwei Monate später traf Goldie Wolfgang wieder bei seiner Joggingtour. Er joggte ihr sozusagen genau in die Arme. Ihre beiden Enkelkinder waren dabei und sie unterhielten sich friedlich und ohne Groll. So soll es auch sein. Denn man sollte sich und anderen Menschen das Leben so einfach wie möglich machen. Vor allem sollte man nicht nachtragend sein.

Neues Spiel, neues Glück

Für Goldie stand nun fest: So schnell würde sie sich nicht mehr das Herz brechen lassen. Und sie würde auch nicht mehr so schnell und grob fahrlässig auf Liebesgeplänkel hereinfallen.

Bei LoveScout darf sich jeder seinen Namen selbst aussuchen. Da muss man sich manchmal wundern, mit was für Namen Männer punkten möchten. Hier einige Beispiele, die Goldie als recht unnatürlich für die Männerwelt empfindet. Zu einem Mann muss man doch aufschauen können und dann kommen Namen wie: Kleiner Prinz, Wuschel, Puschel, Wurschtel, Free Willy, Spitzbub, Herzensklauer, Teddybär, Gaukler, Isarsaurier, Balou der Bär, jetzt oder nie, so wie immer, unsere Zukunft, Gesamtsituation, Wunderknabe, Hausverwaltung, Strolch 7, Eisbär, Bärentatze, Garfield, Zwischendurch, Fahrtenschreiber, Froschkönig, Chaot, isuchdi. Diese Namen sind eher abschreckend. Also, Jungs, lasst euch mal etwas Gutes einfallen. Bei einem Wuschel oder Puschel oder Hasenschwänzchen denkt Frau: Was ist denn das für ein Loser? Und bei Zwischendurch weiß Frau, dass es nicht lange hält. Und bei Herzensklauer denkt Frau, das macht der Typ immer so!

Komische Namen

Das sind die versteckten Botschaften der Herren auf der Plattform LoveScout. Man muss sich nur mal Gedanken machen, bereits der Name sagt viel über den neuen Mann aus.

Almbock	dickköpfiger, grimmiger Mann,
oje	Was kommt da auf die Frau zu?
Rottweiler	bissiger Hund
Bohrer	Nervensäge
Napfi	tritt in jedes Fettnäpfchen
Malle	fährt öfters dorthin, um zu saufen
Nussi	hat was an der Waffel
Burti	rein wie ein Waschmittel
Summerwine	trinkt gerne und viel Wein
Herzmagnet	hat schon einen Schrittmacher
Clown	macht nur Mist
Strolchi	rennt jedem Rock hinterher
Schmusekater	ist nicht treu, schnurrt überall
Tabledancer	zieht sich gerne aus
Schnecke	äußerst langsam
Malsehenhier	will nur ausprobieren
Sorgenfrei	sucht Frau, die ihn unterstützt
König Ludwig	etwas außergewöhnlich-verrückt
Traveller	ist gleich wieder weg
Tiger Tom	geht gleich aufs Ganze
Träumer	Vorsicht, Schlaftablette!

Harley	Motorradfahrer
Super Lover	Niete im Bett
Jack the Flipper	Ausraster
Geisteskranker	sagt sofort die Wahrheit
Forellenmaul	schlechter Küsser
Paradiesvogel	schräger, bunter Vogel
Sandmann	Langweiler, lässt dich einschlafen
Boy	kleiner Junge
Majo	McDonald's und Pommes
Suppengrün	besondere Würze
Wundertüte 13	nichts drin außer Ärger
Gogo Bär	tanzt auf dem Tisch
St. Pauli	liebt Strapse
39 Grad	heißer oder kranker Typ
Baguette	liebt es französisch
Steppenwolf	da geht die Post ab
Fun again	hat schon lange nichts mehr erlebt
Holzwurm	quatscht dir ein Loch in den Kopf
Chasseur	bedeutet Jäger, Frauen suchen und erlegen
Läufer	verschwindet, sobald es schwierig wird
Babylon	da geht es drunter und drüber
Gartenzaun	da ist der Streit vorprogrammiert

Sehr auffällig war, dass viele der Herren sich Sportler 51 oder Sportler 49 nannten. Das war der Jahrgang. Leider musste Goldie jedes Mal feststellen, dass genau diese Herren, die sich als Sportler vorstellten, das genaue Gegenteil waren. In der Regel waren sie eher dick und unbeweglich und steckten in zu eng gewordenen Jogginganzügen. Natürlich ist man mit einem Jogginganzug auf der Couch sitzend noch immer kein Sportler, sondern eine Couch Potato. Aber wie sagt man so schön: Glaube kann Berge versetzen. Doch die Damen auf den Portalen kann man nicht so schnell täuschen.

Natürlich bedeutet Goldie für die Herren der Schöpfung auch nichts Gutes. Teuer, anspruchsvoll, verwöhntes Geschöpf, liebt Kohle, nutzt die Männer aus. Lässt die Herren ausbluten.

Das traf bei Goldie aber nicht zu. Sie meinte mit dem Namen »Goldie«, dass sie treu ist wie Gold. Nur das wollte sie damit ausdrücken. Denn seit Goldie denken kann, verdiente sie ihr eigenes Geld für sich und ihre Familie. Aber sollten die Herren denken, was sie wollten. Denn vielleicht schreckte sie mit dem Namen Geizhälse ab. Die sind nichts für Goldie, denn sie hat ein großes Herz und gibt gerne. Komischerweise kam bei dem Parship-Test heraus, dass Goldie zu großzügig ist. Denn die Herren der Schöpfung lagen meistens bei 80 Punkten und Goldie bei 125 Punkten. 140 Punkte ist die höchste zu erreichende Punktzahl. Das bedeutet, Goldie wäre wie immer die Gebende.

Mit den Namen auf der Internetplattform ist es genau wie mit einem guten Film oder mit einem guten Buch. Bereits der Titel entscheidet. Ist der Name falsch gewählt, schaut man sich den Film oder das Buch gar nicht erst an. Also, mein Tipp an euch Männer: Achtet darauf, was für einen Namen ihr euch aussucht. Sensibelchen, Häschen, Knutscher usw. wird sicher nicht das Interesse der Damen finden. Goldie bekam vor ein paar Tagen eine Anfrage von einem Herrn, der sich Teufel nannte. Wäre sein Name Engel gewesen, hätte er sicher Goldies Interesse geweckt, aber welche Frau möchte schon einen Mann, der sich selbst als Teufel bezeichnet? Sie dachte, der Kerl muss krank sein! Goldie hatte noch nicht einmal nachgesehen, wie er aussah, sondern ihn gleich gelöscht.

Goldies Profil bei LoveScout

Sich gut zu präsentieren wird durch schnellen Erfolg auf den Partnerbörsen gekrönt. Goldie war das nicht so wichtig. Sie legte wenig Wert auf schmalztriefende Aussagen. Auch Beruf und Einkommen waren für sie nicht relevant. Der Mann musste zuerst einmal ihre Augen ansprechen. Klein, dick und ungepflegt – das ging gar nicht. Ihr Traummann musste auch keine Wallemähne haben, aber Haare auf dem Kopf wären für Goldie schon sehr wünschenswert. Wie Goldie später erfahren hat, gibt es sehr viele Damen, die nur Herren mit einer Top-Ausbildung und einem Einkommen ab 100 000 Euro akzeptieren. Das interessierte Goldie alles nicht. Herz musste der Kerl haben, ein Romantiker sein – und vor allem friedlich und nett. Kinder sollte er auch haben. Aber nicht mehr als vier. Wenn er kochen könnte, wäre das auch nicht schlecht. Dann könnte man sich mit dem Kochen auch mal abwechseln. Nun war es wichtig, den richtigen Namen zu finden. Dann hörte sie, dass Goldie Hawn in Österreich weilte. Goldie war früher eine ihrer Lieblingsschauspielerinnen. So wurde der Name Goldie für die Partnerbörse geboren.

Goldies Profil

Ich bin zuverlässig und treu. Das Gleiche suche ich auch bei meinem Partner. Gute Gespräche sind mir sehr wichtig. Und ein Mann, der gerne reist. Bitte keine Spaßbremse, sondern einen Mann, mit dem ich lachen kann, denn das Leben ist schon ernst genug. Ich bin leicht zu begeistern. Die Fotos sind aktuell, 3 und 6 Monate alt. Bitte nur mit Foto, danke.

Geburtsdatum:	13.07.
Ort:	Memmingen
Auffälligster Charakterzug:	abenteuerlustig
Ethnische Herkunft:	europäisch
Staatsangehörigkeit:	deutsch
Sternzeichen:	Krebs

Das bin ich:

Größe:	1,67 cm
Statur:	schlank
Haarfarbe:	blond
Augenfarbe:	blau
Kleidungsstil:	cool
Mein Aussehen:	angenehm
Gewicht:	59 kg
Attraktivstes Merkmal:	meine Augen

Privates Ich:

Familienstand:	geschieden
Kinder:	ja
Wohnsituation:	alleine
Ich rauche:	nein
Haustiere:	Katze

Berufliches Ich:

Beruf:	selbstständig
Sprachen:	Deutsch, Englisch, Französisch
Einkommen:	keine Angaben

Meine Wertvorstellungen:

Sind Sie bereit für eine Beziehung:	auf jeden Fall
Kinderwunsch:	nein
Romantik:	romantisch
Ehe:	ist nichts mehr für mich
Religion:	spirituell
Ich esse:	gesundheitsorientiert

Das suche ich, sein Aussehen:

Staatsangehörigkeit:	europäisch
Alter:	45–60 Jahre
Größe:	1,78–1,97 m
Statur:	schlank, athletisch, normal
Haarfarbe:	blond, dunkelbraun, grau
Haarlänge:	kurz
Augenfarbe:	blau, grau, grün, braun
Charakterzug:	friedlich, rücksichtsvoll
Kleidungsstil:	cool, sportlich
Sein Aussehen:	angenehm
Gewicht:	70–90 kg
Attraktivstes Merkmal:	seine Augen, Lächeln, Mund

Sein privates Ich:

Familienstand:	ledig, verwitwet, geschieden
Kinder:	ja
Wohnsituation:	alleine oder zeitweise mit Kindern
Er raucht:	nein, nur Nichtraucher
Haustiere:	Katzen, Hunde, Pferde

Seine Wertvorstellungen:

Kinderwunsch:	nein
Romantik:	sehr romantisch
Ehe:	nicht notwendig

Ethnische Herkunft:	europäisch
Religion:	egal
Er isst:	alles oder gesundheits-orientiert

Sein berufliches Ich:

Ausbildung/Abschluss:	Haupt- oder Realschule, Abitur
Sprachen:	egal
Beruf:	egal
Einkommen:	egal

Goldie war ja sehr bescheiden, aber es fühlten sich so auch viele Herren angesprochen, die ihrem Traum nicht entsprachen. Eigentlich ist das ja auch nicht so wichtig. Die meisten Herren waren unter 1,75 m und oft 120 kg schwer. Anstatt Haare auf dem Kopf hatten sie Haare auf der Brust. Manche hatten sogar Haare auf den Zähnen, besonders dann, wenn Goldie einem Treffen nicht zustimmte oder nicht sofort auf ihr Schreiben reagierte.

Goldie war ja nicht sehr anspruchsvoll. Sie war der Meinung, der Mann ihrer Träume musste nicht reich sein. Er benötigte auch keinen Doktortitel. Ihr war ganz wichtig, dass er friedlich, freundlich, fit und nett ist. Bei Love-Scout gibt es nicht so viele Akademiker wie bei Elite-

Partner. Aber Geld und Ansehen sind für Goldie nicht wichtig. Jeder ist für sich selbst verantwortlich. Und Goldie kann nicht Finanzen und Geld über die Liebe stellen. Liebe ist ein Gefühl und nicht ein prall gefüllter Geldbeutel. Hätte nur das Geld gezählt, wäre Goldie bereits in guten Händen und auf Weltreise. Goldie kennt so viele Frauen, die sich wegen Geld aufgeben und keinen eigenen Willen mehr haben dürfen, weil sie vor dem Mann kuschen müssen. Liebe kommt in diesen Beziehungen meistens nicht vor, leider steht oftmals nur der Versorgungsaspekt im Vordergrund. Eine von Goldies Freundinnen sagte immer: »Goldie, ich möchte nur einen reichen Mann, denn Liebe vergeht, aber Geld besteht.« Sie lebt heute noch alleine, ohne Geld, ohne Mann, ohne Kinder und ohne Liebe.

So möchte Goldie nicht enden. Sie möchte nicht ohne Liebe leben.

Traumcatcher, 61

»Hallo, Goldie, du reist gerne und beschreibst tolle Ziele, nah wie fern. Südafrika, Namibia, Neuseeland, Amerika, Thailand, Bayern und den Bodensee. Das sind alles wunderschöne Orte, da gebe ich dir unbedingt recht. Und es gibt, wie du sagst, wunderschöne Ziele in unserer Nähe. Toll finde ich es aber auch, sich auf andere Länder und Kulturen einzulassen. Auch ich liebe das Reisen, genau wie du. Außerdem wirkst du auf mich sehr unternehmungslustig, jung geblieben, positiv denkend, sensibel, aktiv, mit der Natur verbunden, aufrichtig und reiselustig. Das klingt spannend. Männer brauchen Bilder, Frauen mögen gerne Gespräche. Und gute, schöne, inhaltsvolle Gespräche habe ich auch gerne. Memmingen und Kempten sind ja nicht so weit entfernt. Ich freue mich, von dir zu hören. Denn gerne würde ich mehr über die Dame erfahren, die mir so gut gefällt. Vielleicht bei einem Kaffee oder Spaziergang oder bei einem guten Essen?«

Der Traumcatcher schrieb zwar sehr nett. Aber Goldie stellte sich ihren Traummann doch etwas anders vor. Sie gab ihm eine freundliche Absage.

Chaot Nr. 1

Eines Tages schrieb ihr ein jüngerer Herr: »Hi Goldie, ich weiß nicht, aber ich bin scheinbar auf einer Fake-Plattform gelandet. Denn keine Frau, die ich anschreibe, antwortet mir.«

Sie schrieb ihm zurück: »Das kann ich nicht bestätigen, denn ich kann gar nicht so viel zurückschreiben, wie ich angeschrieben werde. Aber ein kleiner Tipp: Du schreibst, du wiegst 120 kg, du liebst gutes und viel Essen und du seist ein furchtbarer Chaot. Dein Name lautet bereits Chaot Nr. 1. Die Frau, die das liest, bekommt ja gleich die Krise. Sie denkt, du bist zu teuer, weil du zu viel isst, da bleibt ja nichts mehr zum Leben übrig und sie steht ständig am Herd. Das sagt ja auch dein Gewicht aus. Und welche Frau möchte schon einen Chaoten zum Mann, der zudem noch zu dick ist? Du solltest deine Beschreibung ein wenig positiver gestalten. Dann werden dich die Mädels auch anschreiben. Du hast ja ein ganz nettes Gesicht.« Goldie hat nichts mehr von ihm gehört. Aber sicher hat er ihre Worte beherzigt. Sie wollte ihm nur erklären, was die Damen denken.

Es gibt gewisse Aussagen in Anschreiben, die dazu führen, dass Goldie nicht mehr darauf antwortet. Wenn in der Beschreibung steht: »Ich bin hitzköpfig«, »ich bin ein Sensibelchen«, »ich bin engstirnig«, »ich bin ein Tollpatsch«, »ich bin sparsam«, »ich habe ein paar Kilo zu viel«, »ich liebe Essen«, »ich liebe Sex« oder »ich schaue gerne Erotikfilme« oder »ich bin ein Weinkenner und trinke gerne mal ein gutes Tröpfchen«. Nicht dass die Frauen keinen Sex wollten, im Gegenteil. Aber die Aussage »ich liebe Sex« kann man auch anders deuten: »Ich hole es mir immer, egal bei wem, Hauptsache, ich bekomme Sex!« Und tatsächlich, Goldie konnte feststellen: Wenn die Herren das so schrieben, hingen sie ihr bei der ersten Begegnung auch gleich am Busen und wollten ihr die Klamotten vom Leib reißen. Wenn beim ersten Date dann nichts passierte, hörte sie meist auch nicht mehr viel von ihnen. Noch ein, zwei Mal ein »Hallo« und das war's.

Worte wie »ehrlich«, »treu«, »zuverlässig«, »sauber«, »bin fleißig«, »arbeite gerne«, »rauche nicht« sprechen die meisten Frauen an. Wenn sich schon einer als Weinkenner bezeichnet und schreibt, er trinkt gerne ein gutes Tröpfchen, könnte man sich leicht einen Alkoholiker einhandeln. Also, Mädels, bitte auf die richtigen Schlüsselworte achten. Goldie hat sich am Anfang auch nicht viele Gedanken darüber gemacht. Aber sie hat aus ihren Fehlern gelernt.

Stoffi: »Hallo Goldie, vielen Dank, dass du dir meine Seite angesehen hast. Falls du Interesse hast, mich kennenzulernen, wäre das möglich. Ich bin gerade in deiner Nähe und könnte bei dir vorbeikommen.«

Goldie: »Okay, wenn du anständig bist!«

Stoffi: »Keine Sorge, ich bin absolut harmlos! Versprochen. Ich bin dann in ca. 40 Minuten bei dir. Bis gleich.«

Stoffi: »Ich stehe nun vor deiner Haustüre mit einem schwarzen Ford.«

Goldie war gerade am Putzen ihrer Gästezimmer, als sie eine Pause einlegte. Dann kam Stoffi über LoveScout auf ihrem PC daher. Er schrieb, er sei absolut harmlos und könne auf seinem Nachhauseweg bei ihr vorbeischauen. Als Stoffi kam, stellte Goldie fest, dass er ein sehr netter und angenehmer Mensch war. Für Goldies Empfinden war Stoffi zu zart, zu klein und zu dünn. Aber jede Frau, die Stoffi als Partner bekäme, würde von ihm auf Händen getragen werden, sofern er das Gewicht bei seiner zarten Statur stemmen konnte. So beschrieb er sich nun mal. Und Stoffi schaute sehr gut aus. Goldie war sich sicher, dass er nicht übertrieben hatte. Sie sprachen von den gemeinsamen Erlebnissen auf der Plattform LoveScout und lachten viel zusammen. Goldie wollte aus der Sicht eines Mannes geschildert bekommen, was auf der Plattform mit den Damen zu erleben war. Er berichtete, er habe sich in eine Dame verliebt. Aber nach sechs Wochen glücklicher Beziehung war sie plötzlich kommentarlos und ohne ein Wort des Abschieds verschwunden. Er hatte nie mehr etwas von ihr gehört oder gesehen. Vielleicht hatte sie weitergesucht bei LoveScout. So läuft es ja meistens ab. Goldie schilderte ihm dann ihre Situation und dass sie vorerst keine feste Beziehung mit einem Mann eingehen wollte. Auch sie war enttäuscht worden. Stoffi hatte volles

Verständnis für Goldie, meinte aber, dass er gerade ein Vorstellungsgespräch bei einer Dame in Landsberg am Lech gehabt habe. Das Ergebnis sei noch nicht klar, aber er habe sich zwei Stunden sehr gut mit ihr unterhalten können. Er berichtete von seinem schlimmsten Erlebnis. Er lernte eine reiche Unternehmerin aus München kennen. Sie besaß mehrere Immobilien in München. Da er ja nur ein Profilbild bei LoveScout hochgeladen hatte, wünschte sie sich weitere Fotos von ihm. Er berichtete, dass er ein Foto mit einem Dreitagebart an sie mailte. Sie schrieb ihm eine ganz böse Mail zurück: »Sie Schlamper, rasieren Sie sich erst einmal und gehen Sie gefälligst in die Badewanne.« Stoffi zeigte sich sichtlich betroffen. Goldie meinte, sicher wusste die Dame nicht, dass Dreitagebärte gerade hip seien. Und Goldie konnte definitiv bestätigen: Stoffi war ein netter, an dem Tag gut rasierter und sauberer, gut gekleideter Mann. So etwas hatte er tatsächlich nicht verdient.

Goldie ändert ihr Profil

Goldie hatte nun bereits einige Treffen hinter sich. Aber sie musste feststellen, dass alle Herren problembelastet waren. Alle Herren über 50 hatten bereits schwerwiegende Krankheiten. Leider sprachen sie auch viel zu viel darüber. Und einige von ihnen hatten mehrere Ehen mit mehreren Frauen und Kindern hinter sich. Natürlich hatten alle ein Recht darauf, eine fürsorgliche Partnerin zu finden. Aber Goldie hatte bereits neben ihrem Job ihre Mama gepflegt, bis diese starb. Das wollte sie sich nicht mehr so schnell antun. Denn Pflege ist mit viel Arbeit und Herzeleid verbunden. Drei der Herren hatten bereits einen Herzinfarkt erlitten und einer von ihnen besaß einen Herzschrittmacher. Ein anderer hatte Prostatakrebs, Bluthochdruck und Diabetes. Mit keinem der Herren hatte Goldie Sex, obwohl sie alle sehr nett waren. Sie hatte ja eine Ausbildung zur Heilpraktikerin gemacht und wäre es einmal zu einer Partnerschaft mit einem dieser Herren gekommen, hätte sie immer das Gefühl der Angst im Hinterstübchen gehabt, dass der Arme bei einer sexuellen Vereinigung wieder einen Herzinfarkt bekommen würde. Jedes Stöhnen hätte sie mit seinem potenziellen Ableben verbunden und gleich eine Wiederbelebung durchgeführt. So etwas konnte und wollte sich Goldie nicht antun. Also entschloss sie sich, ihr Profil zu ändern. Sie, 59, suchte nun einen Herrn ab 45 Jahren. Aber trotzdem kamen noch immer viele Anfragen von 50- bis 80-jährigen Herren, die ihre Goldie auf Händen tragen wollten. Vielleicht hätten diese Herren besser inseriert auf der Seite »Pflegerin gesucht!«.

Ein Herr aus Nürnberg schrieb: »Goldie, du bist eine Superfrau, eigentlich meine Traumfrau! Ich bin selbstständiger Unternehmer, der gerade dabei ist, seine Firma zu verkaufen. Danach werde ich dich auf Händen tragen. Wir würden den Rest unseres Lebens gemeinsam auf einem Schiff verbringen und über die Weltmeere schippern. Ich würde dir die ganze Welt zeigen, du könntest Dinge sehen, die du noch nie gesehen hast! Ich verstehe auch nicht, dass so eine hübsche Frau wie du noch auf dem Markt ist. Dein Partner muss ein Esel gewesen sein, denn so eine Frau wie dich bekommt man nicht alle Tage und lässt sie auch nicht gehen.« Goldie antwortete: »Deine Worte haben mich sehr gefreut. Das ist nett von dir, dass du mir die ganze Welt zeigen und mich dabei auch noch verwöhnen willst. Aber ich habe die ganze Welt bereits gesehen und bereist. Mir fehlen nur noch Australien und Brasilien. Aber das bekomme ich auch noch hin. Was mir schwerfällt, ist, jetzt bereits in Rente zu gehen. Ich bin selbstständig und ich liebe meinen Beruf. Du hast dir deine Freiheit mit der Rente hart erarbeitet und verdient. Aber ich bin ein lebenslustiger und noch gerne arbeitender Mensch. Mir macht meine Arbeit tatsächlich Freude. Ich möchte noch nicht ins Rentenalter eintreten, auch wenn es für viele eine verlockende Vorstellung ist. Deshalb habe ich das Gefühl, dass wir nicht zusammenpassen. Dir aber wünsche ich eine liebe, nette Dame, die Lust und Freude auf Rente und das Reisen durch die ganze Welt hat. Sicher wird es einfach sein, so eine Dame zu finden, denn du schaust ja ganz passabel aus und hast zudem noch das nötige finanzielle Polster und eine große Freundlichkeit. Vor allem machst du wunderschöne Komplimente. Ich wünsche dir nur das Beste, Goldie«

Jüngere Männer interessieren sich für Goldie

Bob, 36

Es gibt doch tatsächlich noch nette jüngere Männer, die sich für ältere Damen interessieren. Einer davon hieß Bob und schrieb: »Einen wunderschönen Tag, traumhaft schöne Lady. Welch zauberhaftes Erscheinungsbild, so sage mir doch, wie du dich fühlst an diesem Tag?«

Goldie schrieb: »Hi Bob, du bist leider zu jung und wohnst zu weit weg!«

Bob schrieb: »Schade, du siehst um verführerische Jahrzehnte jünger aus. Ich hoffe, du genießt den Tag und ich hoffe, du meldest dich mal! Ich muss dir sagen, du siehst besser aus als die meisten Mädels in meinem Alter.«

Goldie schrieb: »Bob, du bist ja auch noch nett und charmant! Schade, aber ich wünsche dir ganz viel Glück auf LoveScout. Außerdem wohnst du zu weit weg und ich kann nicht umziehen!«

Sunny, 29

Sunny, 29, meldete sich bei Goldie: »Wow, du bist meine Traumfrau. Deine Augen haben mich fasziniert. Du bist eine der wenigen Frauen, die mir gefallen. Bitte, melde dich bei mir!«

Goldie: »Du siehst sehr nett aus, aber 29 Jahre ist doch sehr jung. Du bist ja noch viele Jahre jünger als mein Sohn. Da hätte ich ein schlechtes Gewissen.«

Sunny: »Bitte, lass uns doch mal treffen! Vielleicht änderst du dann deine Meinung.«

Goldie: »Sei mir nicht böse, aber du wohnst auch noch 500 Kilometer von mir entfernt.«

Sunny: »Wenn man liebt, kann man nicht von Entfernung sprechen. Heimat ist da, wo dein Herz ist.«

Goldie: »Du klingst sehr vernünftig für dein Alter, aber bedenke, wenn du im besten Alter bist, könnte deine Goldie bereits im Altersheim sitzen und ein Pflegefall sein!«

Nach diesem Kommentar hatte Goldie nichts mehr von Sunny gehört. Vielleicht hatte ihn das ein bisschen zur Vernunft gebracht. Natürlich hat Alter nichts mit Liebe zu tun. Aber es gibt Aspekte, an die man denken und die man besprechen muss.

Mark, 29

»Goldie, hoffentlich geht es dir gut. Ich habe mich in dich verliebt, können wir uns treffen? Dein Alter macht mir nichts aus, denn ich liebe reife Frauen.« (Goldie dachte: Zum Glück hat er das Wort »reif« benutzt, wie reifes Obst, also noch kein altes Fallobst.) »Aber ich hoffe nicht, dass ich eine Absage bekomme, weil ich jünger bin! Ich würde mich so freuen, wenn du dich mal meldest! Du bist eine wirklich heiße Braut.«

Goldie: »Lieber Mark, du bist ein sehr gut aussehender junger Mann. Aber du bist weitaus jünger als meine Kinder. Schade, aber ich wünsche dir viel Glück. Du hast noch dein ganzes Leben vor dir und solltest es nicht, wie du sagst, an eine reife Frau verschwenden, sondern dein Leben mit einer jungen, gleichaltrigen Frau verbringen. Und irgendwann solltest du mit ihr Kinder haben.«

Irgendwie hatte Goldie auch das Gefühl, eine Art Seelentrösterin zu werden. Ein junger 19-Jähriger schrieb ebenfalls an Goldie. Er sei an einer Beziehung mit ihr interessiert. Gibt es denn tatsächlich so viele junge Männer, die keine Mutterliebe erfahren haben? Oder was kann der Grund sein, dass sich so junge, gut aussehende Männer Frauen suchen, die mehr als 30 Jahre älter sind? Deren Leben bald zu Ende geht, während ihr eigenes Leben doch gerade erst angefangen hat? Ein Altersunterschied von 10 bis 15 Jahren mag ja noch akzeptabel sein, aber das geht dann doch etwas zu weit.

James, 39

James war ein total hübscher, gut aussehender Mann, der sicher eine Sünde wert gewesen wäre. Aber Goldie hat ja einen 36-jährigen Sohn und hätte kein gutes Gefühl dabei.

James schrieb: »Goldie, du gefällst mir optisch sehr gut! Ich würde mich gerne mal mit dir treffen. Lass uns doch mal kennenlernen bei einem persönlichen Treffen.«

Goldie: »Du bist ein super Typ und gefällst mir auch sehr gut. Ich habe nichts gegen jüngere Männer, im Gegenteil! Eigentlich bevorzuge ich jüngere Männer, weil mir die älteren Herren etwas zu ruhig sind. Mein letzter Partner, mit dem ich 30 Jahre zusammengelebt habe, war auch neun Jahre jünger und wie du siehst, hat es ja lange gehalten. Aber du hast dein ganzes Leben noch vor dir, möchtest sicher Kinder haben und eine Familie gründen. Natürlich kann man Liebe nicht planen und das Alter sollte auch nicht entscheiden, denn Liebe ist unberechenbar. Aber man muss ein wenig realistisch sein. Auch wenn meine Figur und mein Aussehen nicht auf mein tatsächliches Alter schließen lassen, muss ich doch bedenken, dass ich eine ganze Ecke älter bin als du. Mach dir mal Gedanken über das, was ich dir geschrieben habe. Ich drücke dich und du bist sicher ein toller Mensch und ein super Typ.«

James gab nicht auf: »Das mit der Familienplanung ist bei mir bereits abgeschlossen. Ich habe bereits eine

18-jährige Tochter. Und ich muss nun ehrlich zu dir sein, ich bin nicht mehr 39, ich werde dieses Jahr 42.«

Goldie: »Hallo, James, das ist ja schön, dass du nun ein paar Jährchen älter bist. Oder hast du dich nun für mich etwas älter gemacht?«

Beim ersten Date wurde James plötzlich krank. Aber er blieb in Kontakt mit Goldie und wollte zwei Wochen später kommen. Zwei Wochen später hörte Goldie nichts mehr von ihm. Dann meldete er sich plötzlich wieder und meinte: »Ich komme am Samstag bei dir vorbei. Wäre dir das recht?« Goldie sagte: »Okay, ab 14 Uhr könntest du kommen.« Als der Tag da war, schrieb James: »Goldie, ich komme morgen.« Goldie antwortete: »Komm am besten gar nicht mehr.« Dann antwortete James: »Okay, ich komme dann um 17 Uhr.« Goldie war einverstanden.

Um 17 Uhr klingelte es an der Türe. Es war James. Er hatte eine sehr positive Ausstrahlung, ein Lachen wie drei Mann zusammen und er verbreitete viel Fröhlichkeit. Er war fast zwei Meter groß und hatte ein wenig überschüssiges Bauchfett. Aber ansonsten sah er sehr gut aus. Bevor er sich setzen wollte, fragte er: »Goldie, meinst du, der Stuhl hält mich aus, denn ich bin sehr groß und schwer?« Goldie und James unterhielten sich den ganzen Abend sehr gut und lachten viel. Er war ein sehr intelligenter, gepflegter, junger Mann, gab sich nicht überheblich und hörte sich auch die Meinungen seines Gegenübers genau an. Er war sehr weit und viel gereist und hatte es verdient, eine nette Frau zu finden. Schade, dass James so unzuverlässig war, denn mit so einem Mann konnte die zuverlässige Goldie gar nichts anfangen. Zuverlässigkeit und Pünktlichkeit sind Eigenschaften, auf die Goldie besonders viel Wert legt. Sicher hatte er eine lange Anreise gehabt, aber man kann nicht immer wieder Termine machen und diese dann absagen!

James sagte aber einen sehr bedeutungsvollen Satz zu Goldie: »Weißt du, im Alter wird das Eis immer dünner, und wenn man nicht zusammenpasst, darf man sich keine Lebenszeit stehlen!« Danke, James, das hast du gut gesagt, dachte sich Goldie. Das ist ein Satz, den man sich merken muss. Sicher wird er auch für die Leser des Buches sehr wichtig werden. Verplempern Sie nicht Ihre Lebenszeit, diese ist nämlich zu kostbar und unwiederbringlich, um sie an etwas Sinnloses zu vergeuden oder sich an jemanden zu binden, der es nicht wert ist. Sind Sie in einer unglücklichen Beziehung, trennen Sie sich unbedingt, wenn Sie merken, dass es nicht besser wird. Wenn Sie auf einer Partnerbörse jemanden kennenlernen, verabschieden Sie sich gleich wieder, wenn Sie nur den geringsten Zweifel haben, dass Sie nicht zusammenpassen! Vergeuden Sie keine kostbare Lebenszeit.

Löwe, 34

Ein sehr gut aussehender, netter junger Mann schrieb: »Goldie, du siehst sehr sympathisch aus. Ich komme auch aus deiner Gegend.«

Goldie: »Du siehst sehr nett aus, aber du bist viel zu jung für mich. 10–15 Jahre jünger wäre ja noch hinnehmbar, aber uns trennen 25 Jahre, das ist zu viel.«

Löwe: »Aber ich bin doch schon 34 Jahre alt, bin kein Kind mehr und verdiene mein eigenes Geld, denn ich bin selbstständig. Ich finde, wir passen sehr gut zusammen und ich bin genau wie du spirituell. Und ich glaube genau wie du an Engel. Bei uns zu Hause gibt es viele Bücher über Esoterik. Du bist echt faszinierend und ich muss noch immer lachen über den Witz, den du mir erzählt hast. Bitte melde dich wieder, denn ich finde dich so toll!«

Goldie: »Du willst sicher einmal heiraten und Kinder haben, das habe ich bereits alles hinter mir. Ich betreue schon meine Enkelkinder und das kann einen Menschen sehr glücklich machen.«

Löwe: »Also: Heiraten? Nein danke! Und Kinder mag ich auch keine. Auf keinen Fall! Telefonierst du gerne? Du bist super toll und sehr interessant. Zeit und Alter sind nur eine Erfindung der Menschen. Also hat das nichts mit deinem Alter zu tun. Außerdem werde ich ständig von verheirateten Frauen angeschrieben. Aber viele wollen nur Sex. Ich bin kein Macho und trinke kaum Alkohol.« Er gab Goldie seine Rufnummer und bat sie, ihn anzurufen. »Ich gehe gerne im Wald spazieren. Dies gibt mir viel Kraft und ich denke immer positiv. Ich möchte dich so gerne mal treffen. Bitte, bitte, trau dich! Wir müssen ja nicht gleich heiraten. Eine gute Freundschaft ist doch auch etwas Schönes.«

Goldie: »Das habe ich auch einmal gesagt, dass ich keine Kinder möchte, und nun habe ich zwei Kinder und vier Enkelkinder. Nun bin ich glücklich, alle zu haben, und möchte kein Kind und kein Enkelkind mehr missen. Sie sind alle wunderbar. Das gönne ich dir von ganzem Herzen.«

Als der Löwe nicht aufgab, sagte Goldie: »Na ja, dann treffen wir uns ohne Hintergedanken auf einen Drink.« Er wohnte tatsächlich nur vier Kilometer von Goldie entfernt. Goldie wollte ihn eigentlich von seinen Ideen bei einem netten Gespräch abbringen, aber keineswegs verführen. Aber als er Goldie sah, wurde er in seinen Gefühlen sogar noch bestärkt. Sie konnten sich wunderbar unterhalten. Und er hatte mehr Positives im Kopf als mancher ältere Herr, mit dem Goldie sich bereits verabredet hatte. In den drei Stunden versuchte der Löwe, Goldie von sich und einer Beziehung mit ihm zu überzeugen. Er war der Meinung, mit jungen Mädels komme er nicht klar. Die könnten sich nicht unterhalten und der Sex sei auch nicht so schön. Ältere Frauen wüssten besser Bescheid, um was es geht. Seine letzte große Liebe sei 63 Jahre alt gewesen. Leider war sie verheiratet. Als ihr Mann von ihrer Beziehung erfuhr, hätten sie sich getrennt. Es war seine glücklichste Zeit. Und das Alter sei für ihn kein Hindernis. Goldie meinte: »Ich werde dir keine Lebenszeit stehlen. Mit einer 40-Jährigen kannst du immer noch ein Leben planen. Aber stell dir mal vor, ich nehme dich mit zu meiner Familie und meine Kinder sind älter als du. Ich hätte dabei kein gutes Gefühl. Das kann man tun, wenn man keine Familie hat.« Goldie konnte den Löwen nicht davon überzeugen, sich eine nette jüngere Freundin zu suchen. Er steht noch immer in Schreibkontakt mit Goldie und drängt auf ein weiteres Treffen. Doch Goldie weiß, sein Warten ist hoffnungslos, und wünscht ihm, dass er ein nettes Mädel kennenlernt.

Danach schrieb Löwe wieder: »Goldie, genieße den Moment! Wir denken zu oft an die Vergangenheit und an die Zukunft. Was machst du heute noch Schönes? Ich glaube auch an Engel, genau wie du. Und ich habe auch ganz viele spirituelle Bücher in meinem Schrank. Dieses Thema ist sehr interessant. Goldie, du bist echt faszinierend. Vor allem, seit ich dich nun gesehen habe und kenne, gehst du mir nicht mehr aus dem Sinn. Du bist wunderbar. Könntest du dir vorstellen, eine sexuelle Beziehung mit mir einzugehen? Möchtest du mit mir in den Wald spazieren gehen? Ich sammle auch gerne Pilze. Und du musst wissen, ich bin furchtbar schüchtern.«

Goldie schrieb ihm natürlich, dass sie keine sexuelle Beziehung mit ihm eingehen würde. Und die Pilzsaison sei im Herbst. Es ist interessant, dass so ein junger Mann auf der Suche nach einer älteren Frau ist. Denn der groß gewachsene, schlanke junge Löwe hatte es tatsächlich nicht nötig, der älteren Goldie nachzuweinen. Es kam ihr auch nicht vor, als sei er schüchtern. Ihres Erachtens war er eher fordernd. Goldie würde ihm wieder sagen, dass er nicht mit ihr rechnen könne. Es würde noch nicht einmal gelingen, eine Freundschaft mit ihm aufrechtzuerhalten. Denn der Löwe war zu verliebt, als dass es bei einer Freundschaft bleiben würde. Er wollte einfach mehr. Und Goldie war einfach nicht bereit, ihm das zu geben, was er sich erträumte. Goldie ist selbst Mutter und wäre total geschockt, wenn ihr Sohn mit einer Frau ankäme, die genauso alt ist wie sie selbst. Natürlich würde sie es ihrem Sohn nicht verbieten, denn Liebe ist nicht berechenbar. Aber Goldie war auch nicht verliebt. Als der Löwe Goldie nach dem Treffen nach Hause fahren wollte, hat sie abgelehnt. Er bot ihr dann an, sie zu Fuß nach Hause zu begleiten. Goldie lehnte auch das ab. Und mittlerweile kann sie sich vorstellen, dass er zu einem Stalker hätte mutieren können. Er hört noch immer nicht auf, ihr zu schreiben. Täglich warten bis zu vier Mails in Goldies Posteingang. Heute schreibt er, dass seine Mama in einem Pflegeheim leben müsse und er mit seinem Papa alleine in einem großen Haus wohne. Ist das der Grund, warum der Löwe unbedingt eine ältere Frau sucht? Fehlt ihm seine Mama?

Neugierde, 40

»Wow, liebste Goldie! Besteht bei dir auch Interesse an jüngeren Liebhabern? Oder zumindest so lange, bis du gefunden hast, was du suchst? Bevor du mir nun eine Retourkutsche erteilst: Also, ich könnte mir vorstellen, mit dir zusammen zu sein.«

Goldie hat dem Herrn nicht geantwortet. Nicht, weil er so jung ist, sondern wegen des Satzes: »Oder zumindest so lange, bis du gefunden hast, was du suchst.« Goldie ist nicht so gefrustet, dass sie mit jemandem übergangsweise ins Bettchen muss.

Silbermond, 19

»Hi, Goldie, ich finde dich total attraktiv, bist du noch Single? Ich habe mich in dich verliebt! Du bist genau mein Typ. Der Typ Frau, nach dem ich immer gesucht habe! Goldie, hier hast du meine Telefonnummer, bitte, bitte, schreibe mir oder rufe mich an, ich meine es ernst. Aber bitte, gib auch du mir deine Telefonnummer. Ab morgen bin ich nicht mehr bei LoveScout, mein Vertrag ist dann beendet.«

Goldie: »Ich bin noch ledig, aber ich bin definitiv zu alt für dich! Du möchtest doch sicher Vater werden und eine Familie gründen. Das habe ich schon alles hinter mir und du noch vor dir. Denke mal an dein weiteres Leben. Du bist so ein gut aussehender junger Mann.

Hast du bei LoveScout noch keine netten jungen Mädels kennengelernt?«

Silbermond: »Doch, dich habe ich kennengelernt und mich sofort verliebt, bitte schick mich nicht weg. Ich habe überhaupt kein Problem mit dem Altersunterschied. Du bist so schön!«

Goldie: »Du bist so nett, aber mein Sohn wäre ja schon so viel älter als du. Er ist 36 Jahre alt. Und deshalb würde ich mich mit einem 19 Jahre jungen Mann nicht sehr wohlfühlen. Ich kann mich noch gut an die Zeit mit meinem Sohn erinnern, als er 19 Jahre alt war. Keine leichte Zeit für eine Mutter.«

Natürlich schmeichelt es einer 59-Jährigen, wenn sich noch jüngere Männer für sie interessieren. Zumal Goldie super fit, quirlig, sehr aktiv und beweglich ist. Aber man darf keinem Menschen seine Lebenszeit stehlen. Man muss zusammen sein, weil man sich liebt. Nicht weil man sich gut kennt, ein bisschen mag oder schön findet. Nein, die Herzen müssen im Gleichklang schlagen. Man darf nicht mit weniger zufrieden sein, als man verdient hat. Es muss Liebe sein, die zwei Menschen zusammenführt, nicht nur Sympathie. Goldie hat schon so viele Herren kennengelernt, aber es war noch niemand dabei, der ihr Herz zum Stolpern brachte. Sie fragte sich des Öfteren: Was ist nur los? Lag es an der 30-jährigen Beziehung, dass es jetzt so schwierig war, sich auf

M. Jochum 31

jemand neuen einzulassen? Lag es daran, dass ihr Seelenpartner und sie nicht zusammengefunden haben, weil er verheiratet war und Kinder hatte? Was machte Goldie so immun gegen das männliche Geschlecht? Wo waren die Gefühle geblieben, die Schmetterlinge im Bauch? Oder war der Richtige noch nicht dabei? Wollte Goldie so noch länger weitermachen – ständig auf der Suche nach Mr. Right? Und immer wieder das Gefühl, er war es schon wieder nicht? Goldie könnte, wenn sie wollte, schon lange in einer neuen Beziehung sein. Aber sie stellte knallharte Bedingungen. Kein Mann sollte bei ihr einziehen. Sie wollte nur eine Wochenendbeziehung und einen Partner, mit dem sie in Urlaub fahren kann. Sie möchte auch keinen Mann, der für ihren Lebensunterhalt aufkommt. Aber Goldie musste auch feststellen, dass die gebrechlichen, älteren Herren am liebsten eine Rundumbetreuung wollten – Putzfrau, Köchin, Krankenpflegerin, Geliebte und Unterhalterin. Bei Goldies Einstellung würde es nicht leicht sein, den Passenden zu finden.

Aber was hatte Goldies Einstellung so verändert? Es war nicht einfach für Goldie, alleine zu leben, aber nach nun eineinhalb Jahren des Alleinseins hatte Goldie sich doch tatsächlich daran gewöhnt. Und wenn sie ehrlich war, war sie immer glücklich, wenn die Herren wieder die Türe von außen zumachten. Oder lag es daran, dass es so viele Damen gab, die sie beneideten? Schwang das alles in ihrem Unterbewusstsein mit? Alle sagen: Goldie, hast du es gut, du kannst tun und lassen, was du willst. Du bestimmst das Fernsehprogram, du kannst essen, wann und was du willst, du musst für niemanden kochen. Dadurch hast du weniger Ausgaben. Keiner nervt dich, niemand kontrolliert dich. – Dann denkt Goldie: Recht haben sie, aber es nimmt mich auch niemand in den Arm. Und tatsächlich, einige der Herren nahmen tatsächlich bei ihren Besuchen sofort die Fernbedienung in die Hand, um die Sportschau einzustellen oder den Tatort. Und am Samstag kommt auf jedem zweiten Sender ein Tatort. Genau wie früher, dachte Goldie. Dann äußerten sie bereits gegen 18 Uhr Hungergefühle und Goldie stellte sich für sie in die Küche, um ihnen etwas Leckeres zu kochen. Sollte sie sich das tatsächlich wieder antun? Hatten ihre Freundinnen recht? Sollte sie sich wirklich wieder zur Sklavin in einer Beziehung machen lassen? Und das wegen ein paar Streicheleinheiten? Auf die Variante Wochenendbeziehung konnte Goldie sich gerade noch einlassen, aber mehr ging einfach nicht mehr. Es sei denn, der Blitz schlägt in ihrem Herzen ein, für einen ganz besonderen Menschen. Vielleicht könnte Goldie dann alle ihre Bedenken über Bord werfen.

Samuel, 30, schrieb:

»Respekt, Goldie, bei dir sieht man, dass das Alter nur eine Ziffer ist. Du siehst besser aus als manche Frauen in meinem Alter. Ich bin 30 Jahre. Wie kann es nur sein, dass du Single bist? Bei deinem Gesicht verschlägt es einem die Worte. Und man weiß wirklich nicht, was man so einer Lady bieten könnte. Sind denn die Männer blind oder trauen sie sich an so schöne Frauen nicht ran? Du siehst echt klasse aus.«

Goldie bedankte sich für das Kompliment. Samuel meinte: »Goldie, das ist kein Kompliment, das ist die Wahrheit! Und die Wahrheit sollte man sagen. Bist du schon lange alleine?«

Goldie und Samuel hörten auf, sich zu schreiben, als sie ihren Schlussmacher kennenlernte. Sie schrieb Samuel, sie habe sich verliebt und es sei etwas Ernstes. Aber leider hatte das ja nicht lange gehalten. Es war die kürzeste Beziehung in Goldies Leben gewesen. So etwas war ihr eigentlich noch nie passiert. Aber Goldie glaubte noch immer an das Gute im Mann und vor allem an die große und bedingungslose Liebe. Diese Liebe hatte Goldie auch schon kennengelernt, aber der Mann war leider verheiratet gewesen und hatte vier Kinder. Ihre Liebe war nur platonischer Natur. Sie war sich sicher, dieser großen Liebe werde sie eines Tages bei Parship, LoveScout, Neu.de, Partner.de, ElitePartner oder auf sonst irgendeiner Plattform begegnen. Vielleicht würde sie ihrem Traummann auch beim Einkaufen oder auf irgendeiner Veranstaltung begegnen. Aber Goldie hatte ein großes Problem: Sie war furchtbar schüchtern. Und außerdem konnte Goldie sich nicht so leicht verlieben. Und meistens verliebte sie sich in Problemfälle.

Es kann auf dieser Welt nicht nur schräge Vögel geben. Es muss doch auch mal ein Mann mit Seele, Herz und Verstand dabei sein. Goldie kennt auch einige Frauen aus ihrem Bekanntenkreis, die so ihre große Liebe gefunden haben. Das Internet ist mittlerweile der Treffpunkt für Neuigkeiten, der Freude, des Leids und auch der Treffpunkt der großen Liebe. Man muss sie nur finden, die große Liebe. Es heißt doch: »Auf jeden Topf passt ein Deckel, oder einer aus 80 Millionen!«

Einer der Herren schrieb ihr: »Goldie, ich weiß nicht, wie oft ich schon die ›richtige Frau‹ weggeschickt habe. Aber auf der Plattform gibt es so viele Frauen und man urteilt nur mit den Augen. Das Herz und das Gefühl bleiben außen vor. Den guten Charakter und die innere Schönheit kann man leider nicht sehen.«

Wie recht der Herr hatte. Das hat sich geändert in unserer Computer- und Dating Plattformzeit. Wir können lügen, dass sich die Balken biegen, und wenn man dann vor der Person steht, kommt die Wahrheit heraus. Das war natürlich früher beim Kennenlernen anders. Man stand der Person gegenüber, hat ihre Stimme gehört, ihren Körper gesehen. Man konnte sich gleich entscheiden, ob Liebe oder Triebe im Vordergrund standen. Warum sollte es Goldie nicht auch passieren, dass sie sich auf diesem Weg verlieben würde? Sicher musste sie noch ein paar Niederlagen in Kauf nehmen, denn sicher gab es auch viele enttäuschte, zarte, zerbrochene und traurige männliche Seelen auf dieser Plattform. Einige hatten ihr bereits von ihrem Herzeleid berichtet.

Der größte Fehler ist, eine Beziehung zu beenden und dann gleich auf eine Dating Plattform zu gehen. Das kann niemals gut gehen. Goldie hat nach der Trennung von ihrem Partner über ein Jahr gewartet. Sie musste zuerst die alten Gefühle loslassen, denn 30 Jahre kann man nicht so einfach abschütteln. Und sie glaubt, dass ihr Schlussmacher sich selbst im Wege stand und weder sich noch jemand anderen lieben konnte. Schade eigentlich! Denn er hatte es verdient, geliebt zu werden. Und geliebt kann man nur werden, wenn man sich selbst liebt und Liebe geben kann. Liebe ist ein Geben und ein Nehmen. Man sollte sich auch wieder mehr auf die inneren Werte besinnen als auf die sexuellen. Sex stellt sich durch Liebe ein, nicht Liebe durch Sex. Das ist etwas, wo Frauen und Männer total verschieden sind. Frauen brauchen den verliebten Blick in die Augen, sie brauchen die zärtliche Berührung, den innigen Kuss, die Massage, schöne Worte, die aber ehrlich sein müssen. Dann kommt guter Sex von ganz alleine. Männer wollen zuerst das gute Essen mit einem Glas Wein und danach den guten Sex. Bei manchen bedeutet guter Sex: 5 Sekunden oder 5 Minuten, bis sie zum Orgasmus kommen. Bei anderen Stunden, ohne dass sie Gefühle entwickeln. Frauen lieben anders. Sie denken bei der Liebe nicht zuerst an den nackten Mann oder an dessen Geschlechtsteil. Sie denken an zärtliche Worte, zärtliche Blicke, vor allem der Blick in die Augen ist sehr wichtig. An eine schöne Stimme, schöne Hände, schöne Augen. Sicher gibt es auch Frauen, die denken zuerst an gar nichts außer den Geldbeutel. Das ist aber nicht die typische Frau, die einen Mann fürs Leben sucht, sondern das ist die Frau, die einen Mann nur ausnehmen möchte. Das sind oft auch enttäuschte Frauen, die sagen: »Jetzt räche ich mich an den Dreckskerlen, ich habe genug unter denen gelitten.« Sie haben in ihrem Leben bereits viele negative Erfahrungen gemacht und suchen jetzt nur den Sugardaddy, egal wie er ausschaut.

Aber auch das gab es unter den Herren der Dating Plattform: Goldie bekam eine Anfrage von Goodlife, »gutes Leben«. In seinem Begrüßungstext stand: »Ich suche eine warme Beziehung mit einer verlockenden, verführerischen, fitten, aktiven, spirituellen und leidenschaftlichen Frau. Es muss eine Frau sein, die gerne arbeitet. Die Musik und Kunst liebt. Eine Frau, die sich mit einem gesunden Geist um sich selbst kümmert. Ihr Wert- und Verantwortungsbewusstsein sind von größter Bedeutung. Eine Frau, die ihre eigene Existenz feiert. Die im Hier und Jetzt lebt.«

Bei seinen Lieblingsbeschäftigungen stand Folgendes: »Ich bin ein Überlebenskünstler. Ich liebe das Faulenzen am Strand. Mein größter Wunsch ist eine Weltreise. Ich liebe Luxus, möchte in einem Landhaus leben und meine Lieblingsfilme sind Romanzen.«

Goldie wird euch das nun mal übersetzen. Also bitte auch zwischen den Zeilen lesen, das ist bei einem Inserat ganz wichtig. Der Typ sucht im wahrsten Sinne des Wortes eine Frau, die ihn freihält. Nach dem Spruch: »Lieber Gott, erhalte mir meine Gesundheit und die Arbeitskraft meiner Frau.« Dieser Herr sucht eine Frau, die gesund ist und natürlich für ihn das Geld verdient, damit er am Strand faulenzen kann. Sie sollte ein eigenes Haus besitzen, am liebsten ein Landhaus. Romanzen sind wichtig, denn nur so kann er an eine Dumme gelangen, die ihn freihält. Anschließend wird er die Dame noch betrügen. Mädels, haltet euch von Typen, die so etwas schreiben, fern. Die möchten euch nur ausnutzen und ein schönes Leben führen – auf eure Kosten, auf eure Gesundheit und auf eure Arbeitskraft. In Deutschland gibt es so viele intelligente und fleißige Frauen. Also, Augen auf bei der Partnersuche. Nicht alles ist Gold, was glänzt. Lasst euch von solchen Inseraten nicht blenden. Bei einigen ist Vorsicht geboten.

Ganz große Vorsicht geboten ist bei Inseraten von Herren, die Frauen nur abzocken möchten. Oft kommen diese aus Nigeria. Sie klauen die Bilder von sehr gut aussehenden Herren. Diese Typen suchen sich nur Frauen, die Englisch sprechen, denn sie können kein Deutsch. Oder sie benutzen das Übersetzungsprogramm. Das merken Sie sofort. Diese Kerle versprühen Charme ohne Ende. Sie machen Ihnen Liebeserklärungen, als würden Sie sie schon ein Leben lang kennen. Sie erschleichen sich durch eine Vielzahl von Komplimenten Ihr Vertrauen. Sie fragen sofort nach Ihrer Telefonnummer oder nach Ihrer E-Mail-Adresse. Wenn Sie sich dann näher kennen, ist jemand in seinem Umfeld schwer erkrankt oder er kann Sie nur besuchen kommen, wenn Sie ihm das Geld dafür schicken. Wenn es darum geht, Geld zu überweisen, sofort das Ganze beenden. Und auf jeden Fall den Typen bei dem jeweiligen Portal melden. Denn die Betreiber werden ihn sofort überprüfen und dann sperren.

Schreiben von Pumuckl

Goldie war total überrascht. Als sie ihr Profil aufrief, hatte sie genau acht Anfragen von ein und demselben Herrn. Und das innerhalb kürzester Zeit, im Minutentakt.

Er schrieb: »Hi, dein Profil hat mich sehr berührt! Vielleicht magst du mich ja näher kennenlernen. Bin 43, Journalist und Single. Wir können ja mal Kaffee trinken gehen. Hier ist meine Telefonnummer. Festnetz und Mobil. Ich warte auf dich!«

09:51 Uhr
»Ich finde, ein Mann sollte einer Frau jeden Wunsch erfüllen!«

09:52 Uhr
»Die Frau ist der Star.«

09:53 Uhr
»Und die Frau schenkt dem Mann Liebe und Lust!«

09:54 Uhr
»Ich verfüge über das notwendige Polster, dir alle deine Wünsche zu erfüllen!«

09:55 Uhr
»Hast du Lust, mit mir essen oder etwas trinken zu gehen?«

09:56 Uhr
»Wann hast du Zeit für ein Date? Melde dich hier und jetzt, am besten sofort!«

09:57 Uhr
»Du bist sehr attraktiv!«

09:58 Uhr
Goldie antwortete: »Lieber Pumuckl, du bist leider zu jung für mich« – er war 43 Jahre alt. »Danke für all die netten Mails, die du mir geschickt hast.«

Hätte Goldie die Wahrheit geschrieben, aber sie wollte ja niemanden verletzten, hätte es lauten müssen: »Hallo, Pumuckl! Du bist zwar jung, aber gar nicht mein Typ. Du hast einen zu großen Kopf, zu große Poren im Gesicht, siehst unmöglich aus, älter als 43, du bist mit einer Größe von 1,73 m zu klein und schreibst, dass du auch noch ein paar Kilo zu viel hast. Ja, das stimmt, du hast einen großen runden Kopf! Du bezeichnest dich als ungeduldig, das sieht man, aber du bist auch aggressiv.«

Manche von Goldies Erfahrungen waren zwar mehr als ungewöhnlich und schräg, aber sie mochte die Zeit auf den Plattformen nicht missen. Es muss nicht immer in einer Bettgeschichte enden, man kann auch wunderbare Freundschaften schließen. Und sie muss sagen, die Bezeichnung FriendScout hat ihr besser gefallen als LoveScout. Weil gute Freundschaften oftmals weitaus wichtiger sind als schlechte Partnerschaften. Werfen Sie nicht jeden Mann gleich achtlos beiseite, wenn Ihnen sein Foto nicht gefällt, er muss ja nicht gleich der Mann zum Heiraten sein. Er kann ja auch ihr bester Freund und Berater werden. So wie mein Schlussmacher. Er hat mir meinen defekten Kaffeeautomaten repariert und meinen Herd richtig eingestellt. Außerdem konnte er wunderbar kochen, was er ja während seines langen Singledaseins wunderbar gelernt hat. Vielleicht können wir eines Tages doch noch Freunde werden. Er wohnt ja nur ein paar Straßen weiter.

Nimm mich, 55

»Liebste Goldie, wenn die Bilder erst kürzlich gemacht wurden, dann hast du dich ja super gut gehalten. Ich bin auf der Suche nach einer Partnerin, auf die ich mich verlassen kann. Ich möchte keine Frau an meiner Seite, die sich ihre Hörner noch nicht abgestoßen hat.«

Goldie: »Hat man dir schon einmal Hörner aufgesetzt? Du brauchst keine Frau, die sich die Hörner abgestoßen hat, sondern eine Frau, die dich aufrichtig liebt und die eine treue Seele ist. Und Goldie wird es leider nicht sein, denn sie wohnt zu weit von dir entfernt. Und aus beruflichen Gründen kann sie nicht umziehen.«

Er antwortete: »Goldie, bist du Hellseherin? Man hat mir tatsächlich Hörner aufgesetzt und ich bin zurzeit sehr verletzt. Habe kein Vertrauen mehr.«

Obama, 73

»Hallo, meine liebste Goldie, hübsch bist du! Ich denke, im Allgäu sind die Männer blind! Gleich schicke ich dir ein Taxi, um dich abzuholen! Ich bin der Günni aus München und bin gerade dabei, mein Leben umzukrempeln. Ich möchte mein Geschäft aufgeben. Und ich war immer viel im Ausland unterwegs. Das Reisen möchte ich aber auf jeden Fall beibehalten. Aber dann nur mit meinem Herzblatt, und zwar mit dir. Ich denke, wir beide haben genug gearbeitet und sollten nun unser Leben genießen. Ich möchte mit dir mein Leben zwischen San Remo und Viareggio verbringen. Und ich möchte verliebt sein. Du, liebste Goldie, sollst lieb, treu und unternehmenslustig sein und auf immer und ewig mit mir zusammenbleiben. Hier hast du meine Telefonnummer – aber bitte nicht auflegen, wenn sich eine Frau meldet. Das ist meine Sekretärin. Ich freue mich, von dir zu hören.«

Goldie: »Hallo, Günni, danke für die netten Worte. Aber ich liebe es, zu arbeiten. Ich war 30 Jahre in einer Beziehung, habe immer gearbeitet und Rente ist nichts für mich. Ich wünsche dir nur das Beste im Leben!«

Obama: »Ich bin ganz fest davon überzeugt, dass du eine nette, tolle Frau bist. Wenn ich mir deine Bilder ansehe, bist du eine Frau zum Verlieben! Andererseits denke ich, du gehst am Leben vorbei, ohne es zu merken. Du solltest dich von der ganzen Arbeit trennen und leben. Denn die Lebensfreude sollte wichtiger sein als die Arbeit. Ich bin nun 73 und weiß, wovon ich rede. Die Arbeit sollte niemals dein Lebensmittelpunkt sein. Wie du schreibst, arbeitest du auch sehr oft an den Wochenenden. Aber ein Samstag ist dazu da, um die Liebe zu festigen, füreinander da zu sein, zu genießen, zum Ausspannen und um einen Stadtbummel zu machen. Man könnte auch ein Konzert besuchen und sich gegenseitig verwöhnen. Liebste Goldie, bitte verpasse nicht den Zeitpunkt zum Aussteigen. Manchmal ist Geld weniger wert als Lebensqualität. Die Zeit vergeht viel zu schnell. Mach bitte nicht den gleichen Fehler wie ich. Ich dachte auch immer, ich hab einen schönen Beruf, der mir viel Freude macht. Es hat auch gestimmt. Heute bin ich 73 und denke, es gibt viel Wichtigeres im Leben. Ich erinnere mich gerade an ein älteres, achtzigjähriges Ehepaar. Sie benahmen sich wie Zwanzigjährige und machten den Eindruck, als seien sie frisch verliebt. Dann sagten sie mir, sie seien bereits 50 Jahre verheiratet und noch immer verliebt wie am ersten Tag. Ich wurde leider mit 25 Jahren Witwer. Aber ich habe aus dieser Ehe eine wunderbare Tochter. Ja, liebste Goldie, was ich dir sagen möchte: Ich bin ein Familienmensch und ich wünsche mir viel Liebe und Harmonie. Und das für den Rest meines Lebens.«

Dieser 73-jährige Herr blieb Goldie noch lange in Erinnerung. Er hatte den Sinn des Lebens erkannt und war trotzdem ein einsamer Mensch. Natürlich ist eine gute und schöne Arbeit wichtig im Leben. Aber es gehört auch der richtige Partner dazu, mit dem man alles teilen kann. Es ist wichtig, jemanden zu finden, mit dem man lachen und Freude am Leben empfinden kann. Doch oftmals sind diese Partnerbörsen auch beängstigend. Man sucht Menschen wie Kleidung in einem Katalog. Oftmals gibt es Menschen, Männer wie Frauen, die nicht nach der großen Liebe suchen, sondern denen nur die körperliche Liebe, die schnelle Nummer im Bett wichtig ist. Ein Bekannter sagte einmal zu Goldie: »Du glaubst nicht, wie einfach das heute ist, Frauen für eine Nacht kennenzulernen.« Früher hätte er immer von Lokal zu Lokal rennen müssen und die Dame zum Essen eingeladen. Und heute macht er das alles auf Dating-Börsen.

Ist das Liebe? Für Goldie ist das nur eine Befriedigung der Triebe, aber keine Liebe. Goldie möchte den Menschen nicht zu nahe treten, die tatsächlich auf der Suche nach einem verlässlichen Partner oder einer Partnerin sind. Aber es gibt sicher einige schwarze Schafe. Goldie hat leider auch festgestellt, dass jeder der Herren sofort ihr Bettchen mit ihr geteilt hätte, wäre Goldie darauf eingegangen. Leider, muss man dazu sagen. Gefühle benötigen Zeit. Obwohl es die Liebe auf den ersten Blick tatsächlich gibt. Auch das hat Goldie bereits erlebt. Und das ist etwas ganz Besonderes.

Langläufer 11

Ein 60-jähriger Herr mit weißen Löckchen schrieb: »Hallo, liebe Unbekannte. Ich finde dein Profil sehr interessant. Deine Bilder zeigen eine attraktive Frau mit einer sympathischen Ausstrahlung. Gerne würde ich dich näher kennenlernen. Ein bisschen von mir: Ich lebe in einer Kleinstadt in der Nähe von Stuttgart. Ich habe zwei erwachsene Kinder, zwei Töchter. Eine der Töchter ist 30 Jahre alt und die andere 21 Jahre. Sie studiert Medizin. Und die älteste Tochter wurde gerade Mama. Viele Jahre war ich Geschäftsführer bei einem großen Konzern und war dadurch auch sehr viel im Ausland unterwegs. Aber vor einem Jahr habe ich meinen Beruf an den Nagel gehängt und bin nur noch beratend tätig, wenn es irgendwo brennt. Zu meinem Status: Ich lebe getrennt, und das schon seit drei Jahren. Wir waren 25 Jahre verheiratet. Nachträglich haben wir eine Gütertrennung vereinbart. Das heißt, alles bis auf die formelle Scheidung ist geregelt und vereinbart. Aus steuerlichen Gründen haben wir vereinbart, dass wir uns erst dann scheiden lassen, wenn wir wieder eine feste Partnerschaft eingehen oder es eben wünschen. Liebste Goldie, ich würde mich freuen, wenn du mir antworten würdest. In Erwartung deiner Nachricht, Sven«

Goldie hat mittlerweile erfahren müssen, dass es sehr viele Herren auf den Plattformen gibt, die noch immer verheiratet sind, obwohl sie angeblich schon viele Jahre getrennt leben. Immer wieder geht es ums liebe Geld, wie dieser Umstand von den Herren erklärt wird. Sie möchten keinen Versorgungsausgleich machen. Und sie wollen ihre Besitztümer nicht mit der Frau teilen. Einer der Herren meinte, wenn seine Ex vor ihm sterbe, bekomme er ihre Rente, und das sei anzunehmen, denn sie trinke mehr, als sie vertragen könne. Dieses materielle Denken gibt es leider auch bei den Herren, nicht nur bei den Damen. Unsere Welt hat sich verändert. Früher war der Mann der Versorger. Heute ist das schon lange nicht mehr der Fall. Die Frauen müssen auch ihren Mann stehen. Viele sind alleinerziehend und haben die Vater- und Mutterrolle übernommen. So war es auch bei Goldie.

Lilienliebhaber, 54

Dieser Herr war der erste Mann, den Goldie auf einer Dating Plattform angeschrieben hat. Er war wirklich etwas Besonderes. Von der Optik wie von seiner Beschreibung her – und natürlich war er gleich vergriffen. So einen tollen Mann lässt man auch nicht laufen. Und ist er frei, möchte man ihn gleich haben. Seine neue Freundin hatte wirklich Glück gehabt.

Goldie schrieb: »Lilienliebhaber, du machst einen sehr netten Eindruck. Du wohnst außerdem nur 60 Kilometer von mir entfernt. Und ich liebe Schäferhunde.« (Er war mit einem Schäferhund auf einem der vielen Fotos abgebildet.) »Ich wünsche dir einen schönen Abend und vielleicht meldest du dich einmal bei mir.«

Lilienliebhaber schrieb: »Hallo, Goldie, danke für deine lieben Worte. Ich bin jetzt gerade in einer neuen, festen Partnerschaft. Und dir, Goldie, wünsche ich ganz viel Glück auf der Plattform, dass auch du den Richtigen findest.«

Goldie: »Es freut mich zu hören, dass du dein Glück gefunden hast. Denn du bist ein sehr Netter. Sollte dich deine neue Freundin nicht gut behandeln, darfst du dich gerne wieder bei mir melden.«

Scheinbar hat ihn die Freundin gut behandelt, denn das schrieb Goldie bereits vor ca. vier Monaten. Aber es freute Goldie, wenn der Lilienliebhaber glücklich war. Denn Liebe bedeutet nicht immer festhalten, sondern Liebe bedeutet manchmal auch loslassen können. Wenn Goldie ehrlich ist, war er der einzige Mann von tausend, der ihr wirklich gefallen hätte. Aber leider kam Goldie zu spät. Wer zu spät kommt, den bestraft das Leben.

Goldie trifft sich mit Benny

Vier Wochen nach der ersten Enttäuschung machte Benny ein Date mit Goldie. Er war 59, stand noch im Berufsleben und machte auf der Plattform einen sehr guten Eindruck. Das erste Treffen verlief sehr positiv. Benny war ein topgepflegter Mann. Er hatte einen betörenden Duft an sich und war sehr sauber und sehr modern gekleidet. Benny kam mit einem Rosensträußchen und einer Flasche Rotwein. Goldie schaute auf seine Schuhe, sie meint immer, das sei wichtig, denn sind die Schuhe sauber, sieht man den Mann schon ganz anders.

Ihr erster Blick fiel natürlich in das Gesicht, die Augen sind für sie das wichtigste Merkmal. Augen sind der Spiegel der Seele. Leider nehmen der Glanz und das Leuchten der Augen im Alter ab. Goldie liebt Männer mit blauen Augen. Aber leider sind Männer mit blauen Augen rar gesät. Nur 9 Prozent der Menschen haben blaue, grüne oder graue Augen. In der Regel müssten alle Menschen braune Augen haben, denn bei hellen Augen handelt es sich um einen Gendefekt. Deshalb sind blaue Augen auch lichtempfindlicher als braune. Goldie liebt zwar blaue Augen, hatte aber immer Partner mit braunen Augen. Also findet man meistens das Gegenteil von dem, was man sucht.

Benny hatte grün-braune Augen. Er und Goldie haben viel gelacht und hatten sich beim ersten Date viel zu erzählen. Er war kein Langweiler. Er meinte: »Du bist eine der wenigen Frauen, die beim ersten Treffen noch so hübsch und schlank sind wie auf den eingestellten Fotos. Und mit dir fühle ich mich richtig wohl.« Er berichtete ihr, wie viele Kilometer er bereits umsonst gefahren sei, um die Richtige kennenzulernen, und jedes Mal war es ein Flop. Er meinte, er habe sich nun vorgenommen, nicht weiter als 100 Kilometer zu fahren. Goldie meinte: »Berichte mir mehr darüber, vielleicht wird es einmal ein Buch.« Er erzählte, dass er ein Rendezvous mit einer rassigen Brasilianerin hatte. Ihr Foto sah auf der Plattform so toll aus. Er konnte nicht widerstehen, sie war eine Augenweide für jeden Mann. Er wollte sie unbedingt kennenlernen und nahm den ganzen Stress der weiten Fahrt auf sich. Bei ihr angekommen, war er total traurig. Benny meinte, sie war nicht nur dick, sie war total fett. Das Foto musste schon zehn Jahre alt gewesen sein. Nach einem gemeinsamen Essen sagte sie: »Benny, ich habe heute Geburtstag und du sollst mir etwas Schönes kaufen, um mir eine Freude zu machen.« Er dachte: Etwas Schönes kaufen? Eigentlich wollte er sie ja zuerst einmal kennenlernen. Aber er wollte sich nicht lumpen lassen und betrat mit der Dame ein Kaufhaus. Sie führte ihm die ganzen Klamotten vor und wollte auch, dass Benny ihr die ganzen guten Stücke kauft. Er sagte, ich kaufe dir ein Teil, aber nicht alles, denn wir kennen uns ja noch nicht einmal. Also suchte sie sich verärgert ein Teil aus und brachte den Rest zurück. Dann sagte sie trotzig zu Benny: »Und nun werde ich zu meinen Freunden gehen und mit ihnen meinen Geburtstag feiern! Du kannst wieder nach Hause fahren!« Und für Benny war außer Spesen nichts gewesen. Er sagte, das würde ihm niemals mehr passieren. Er würde sich nicht mehr zum Affen machen lassen.

Die Dame hat wohl einen Finanzier gesucht – und da das nicht so richtig klappen wollte, wurde Benny gleich wieder verabschiedet. Er meinte, die Dame konnte sich wohl auf diese Art und Weise ihren Kleiderschrank füllen. Goldie meinte, sicher habe sie bei jedem Date Geburtstag. Goldie wurde klar, dass es auch die Herren der Schöpfung nicht so leicht haben, die Richtige zu finden.

Benny schaute ihr tief in die Augen und meinte: »Goldie, wie hast du dich denn entschieden? Ich glaube, wir würden gut zusammenpassen.« Dann sagte sie: »Sei mir nicht böse, ich kann mich noch nicht entscheiden.« Als er nachfragte, erklärte sie ihm: »Weil ich gerade eine Enttäuschung hinter mir habe – und eine weitere möchte ich mir ersparen.« Benny war sehr nett und Goldie hörte sich sagen: »Ich habe noch einige Castings vor mir. Es haben sich bereits fünf weitere Herren zu einem Treffen angemeldet. Die Treffen möchte ich nicht absagen, das wäre unfair.« Benny meinte: »Aha, dann bin ich noch in der Warteschleife und einer von vielen!« Was sollte Goldie darauf antworten? Es sollte ja eine Entscheidung fürs Leben werden. Und wenn man älter ist und nur noch ein paar Jährchen vor sich hat, möchte man sich nicht zu schnell entscheiden. Man hat immer den Gedanken im Hinterstübchen, dass man jetzt keinen Fehler mehr machen darf. Mit Benny konnte Goldie viel lachen und gute Gespräche führen. Sie hatten vor, sich wieder zu treffen. Goldie wird Ihnen berichten, wie das Treffen verlief.

Aber sicher kann man auf der Plattform auch Männer kennenlernen, mit denen man gute Freundschaften führen konnte. Aber wollen Männer nur Freunde sein? Sicher nicht! Das bilden sich die meisten Mädels nur ein. Die meisten Männer möchten eine sexuelle Beziehung, und das oft richtig schnell. Das musste Goldie leider feststellen. Jeder hätte bereits am ersten Abend gerne ihr Bettchen mit ihr geteilt. Das darf aber nicht sein. Zuerst muss man sich kennenlernen. Denn teilt Goldie mit jemandem ihr Bettchen, hat sie sich für eine Beziehung entschieden. Auch wenn es nur eine Wochenendbeziehung sein sollte. Sie möchte mit keinem Mann mehr fest zusammenleben. Denn haben die Herren einmal die Annehmlichkeiten des Zusammenlebens erfahren, bekommt man sie so schnell nicht mehr los. Und das wird ihr sicher nicht mehr passieren. Sie ist auf der Suche nach der perfekten Beziehung. Und hat sie nur den geringsten Zweifel, wird sie sich auf nichts mehr einlassen.

Das ist bei Menschen, die bereits eine Beziehung hinter sich haben und dann alleine leben, nicht mehr so einfach. Faule Kompromisse wie in der Jugend geht man im Alter nicht mehr ein. Goldie sagt sich immer, die restlichen Jahre möchte sie noch in Harmonie verbringen mit einem Menschen, der perfekt zu ihr passt. Sollte das nicht der Fall sein, bleibt sie lieber alleine mit ihrem Stubentiger.

LoveScout schrieb täglich an Goldie folgenden Text:

»Goldie, Ihr Profil wurde heute sehr oft aufgerufen. Um Ihren E-Mail-Eingang nicht zu überlasten, erhalten Sie heute keine weiteren Benachrichtigungen bei Aufrufen Ihres Profils. Die komplette Liste Ihrer Besucher sehen Sie auf der Website.« Wenn sie jetzt die Liste aller Besucher aufrief, ging da wirklich etwas ab. Aber unter 100 Aufrufen waren vielleicht drei Herren nach Goldies Geschmack dabei, und die wohnten meistens im Norden. Schade eigentlich. Sicher gibt es Frauen, die ihre Koffer packen können – und dann nichts wie weg zu dem Mann ihrer Träume. Das geht bei Goldie leider nicht. Sie ist beruflich noch zu sehr gebunden.

Radfahrer aus München, 50

Der Typ sah echt super aus. Kaum vorstellbar, dass er in keiner ernsthaften Beziehung war. Oder hatte er etwas an der Klatsche? Aber nach ca. 40 Mails kam bei Goldie dann doch der Verdacht auf, dass er nur ein kleiner Schwätzer war und es einen Grund gab, dass er noch alleine lebte.

Radfahrer: »Hallo, du hast ein hübsches Gesicht und gefällst mir! Du bist eine zauberhafte Frau!«

Goldie: »Wir sind ja beide Krebs vom Sternzeichen. Krebse sind ja sehr häuslich und brav.«

Radfahrer: »Du gefällst mir sehr, sehr gut! Lust auf ein Kennenlernen?«

Goldie: »Du machst einen sehr netten Eindruck, aber ich habe jemanden kennengelernt. Und dir viel Glück, dass du die große Liebe findest!«

Fünf Wochen später schrieb Goldie: »Meine neue Liebe war nur ein kurzes Intermezzo. Hast du in der Zwischenzeit jemanden kennengelernt? Falls nicht, können wir uns ja wieder schreiben!«

Radfahrer: »Hallo, schön, von dir zu lesen. Nein, ich habe noch niemanden kennengelernt. Wenn du einen jüngeren Mann, der romantisch, zärtlich und verschmust ist, kennenlernen möchtest, sollten wir uns treffen! Ich liebe romantische Abende zu zweit, bei Kerzenlicht und einem Gläschen Wein und leiser Musik, ich kuschle und schmuse gerne und ich liebe Frauen, wenn sie ganz Frau sind. Ich mag es, wenn die Frau Nylons und Röcke trägt. Wenn du magst, sollten wir uns bald mal näher kennenlernen.«

Goldie: »Ich trage am liebsten Leggings und Jeans, wie die meisten Frauen, die ich kenne. Im Sommer trage ich Röcke und Shorts, wenn es sehr heiß draußen ist. Du lebst in einer wunderschönen Stadt, schade, dass man da auch einsam sein kann. Ich wollte dir aber vorab sagen, dass ich keine vorübergehende Affäre sein möchte.«

Radfahrer: »Goldie, meine Hübsche, du bist so süß. Ich suche keine Affäre, die Zeiten sind bei mir vorbei. Ich möchte dich sehr gerne kennenlernen und dann sehen wir, was kommt. Du könntest mir schon gefährlich werden, denn du gefällst mir sehr!!!«

Goldie: »Dann überlege es dir, ob wir uns treffen sollten!«

Radfahrer: »Wenn ich von dir eine gute Tasse Kaffee bekomme.«

Goldie: »Ich kann dir zum Kaffee auch einen Kuchen backen, wenn du gerne Kuchen magst. Ich fand dich von Anfang an sehr nett, denn du bist so traurig dagesessen auf einem deiner Fotos, dass man dich am liebsten in den Arm genommen und getröstet hätte.«

Radfahrer: »Du bist so was von süß, du darfst mich gerne in den Arm nehmen! Ich hatte schon sehr lange keine Zärtlichkeiten mehr. Ich möchte dich auch am liebsten niederknutschen und mit dir schmusen, wenn ich deine Bilder sehe.«

Goldie: »Guten Morgen! Es tut mir leid für dich, dass du schon so lange ohne Zärtlichkeiten sein musst. Die Krebse sind ja sehr liebebedürftig. Kommst du die 100 Kilometer mit dem Rad oder mit dem Auto?«

Radfahrer: »Ich komme mit dem Auto, du verführerische Frau!«

Goldie: »Es hat mich sehr gefreut, von dir zu lesen. Denn Krebse sind auch schüchtern und zurückhaltend.«

Radfahrer: »Hallo, zauberhafte Frau, ich habe mich nun ein paar Tage nicht gemeldet. Ich hatte Stress im Job.«

Goldie: »Ja, wo war das Krebschen denn? Eins vor, zwei zurück!«

Radfahrer: »Ja, es wäre jetzt schön, neben dir zu sitzen bei Kaffee und Kuchen. Aber ich bin ehrlich, ich würde lieber an dir als am Kuchen knabbern! Erst ein reales Date entscheidet. Ich liebe es, wenn eine Frau Rock und Nylons trägt und so verschmust ist wie ich! Ich bin ein Romantiker und Genießer.«

»Wie soll ich das verstehen?«, fragte Goldie. »Kannst du mir das bitte näher erklären?« Seit dieser Mail hat Goldie nichts mehr von ihrem Nylonfetischisten gehört. Sicher musste er langsam Farbe bekennen. Aber der Radfahrer hat noch mehrmals ihre Seite besucht und ihr Likes und Smileys geschickt. Goldie ließ sich aber nicht mehr beeindrucken und hat sich nicht mehr gemeldet.

Zwei Monate später bekam Goldie ein weiteres Lebenszeichen vom Radfahrer. Er schrieb: »Du hübsche, romantische Frau, meinst du nicht, wir sollten uns mal beschnuppern bei einem Glas Wein, Kerzenlicht und leiser Musik?«

Goldie schrieb: »Nein, wir beschnuppern uns nicht, denn du bist mir leider viel zu unzuverlässig – das ist nicht das, was ich suche!«

Fast jeden zweiten Tag bekam Goldie nun Likes oder Smileys von ihm, aber sie reagierte nicht darauf. Er hatte seine Chance vertan.

Stuttgart 21

Ein attraktiver 59-jähriger Geschäftsmann aus Württemberg – Goldie glaubt, er war älter als 59 – trat ganz plötzlich in ihr Leben. Natürlich fackelt ein Geschäftsmann nicht lange. Sofort wollte er ihre Telefonnummer. Goldie fühlte sich so überrumpelt, dass sie ohne viel nachzudenken ihre Rufnummer an ihn weiterleitete. Prompt kam der erste Anruf. »Hi, Goldie, zuerst muss ich ja mal deine Stimme hören. Ich verkehre in sehr hohen Kreisen, mit Politikern, Künstlern, Rennfahrern und sehr bekannten Persönlichkeiten. Nicht jede Frau eignet sich dazu, dort eingeführt zu werden.« Er testete also am Telefon bereits Goldies Intelligenz. Man sprach über Politik, Weltgeschehen und natürlich auch über bekannte Persönlichkeiten. Ab und an wurde er während des Gesprächs von seiner Sekretärin unterbrochen, die er dann harsch abblitzen ließ. Goldie fragte: »Hoffentlich wählst du nicht die Grünen?« Er sagte: »Nein, auf keinen Fall! Weißt du, ich habe 35 Immobilien, die ich vermiete. Klar, dass man da einen freien Kopf braucht. Und Selbstständige wählen ja nicht rot oder grün.« Er meinte, die Frauen, die er bis dato kennengelernt hatte, hätten keine Neigung zum Repräsentieren gehabt. Sie hätten weder das Format noch die Intelligenz gehabt.

Goldie hatte den Test offenbar bestanden, denn nun wollte er auch noch Ganzkörperfotos. Aber Goldie dachte insgeheim: Vielleicht lag es auch an ihm und nicht an den Frauen, dass nichts aus seinen bisherigen Versuchen wurde, denn welche Frau zeigt sich nicht gerne in der Öffentlichkeit mit einem gut situierten, reichen, gut aussehendem Herrn? Da stimmt doch irgendetwas nicht. Aber sie würde Stuttgart 21 ja irgendwann mal kennenlernen. Die Gespräche am Telefon verliefen immer freundschaftlich, höflich. Er meinte, ab sofort würde er ihr immer über WhatsApp schreiben. Und tatsächlich, Goldie hatte kaum die Augen auf, schon las sie: »Süße, hast du gut geschlafen?« Ein netter Typ, dachte Goldie und schrieb zurück.

Dann kam ein Foto von seinem Mittagessen. Chicken Wings. Dann am Abend ein Foto von einem reichlich, großen Buffet. Natürlich sah man ihn mit bekannten Gesichtern in seiner Umgebung. Dann kam am Morgen ein Foto: »Goldie, das ist mein Frühstück.« Eine Scheibe Schwarzbrot mit Honig. Es sah etwas unappetitlich aus. Und Goldie dachte: Zum Glück esse ich am Morgen nichts! Denn dieses Brot möchte ich nicht essen, mir wird bei dem Anblick schlecht. Vielleicht wollte er ihr auch nur zeigen, wie gesund er lebte.

Dann kam am Abend eine Mail: »Goldie, ich habe Kopfschmerzen ohne Ende. Mein Kopf zerspringt mir vor Schmerzen.« Goldie gab ihm ein paar Tipps, aber er meinte nur: »Ich habe einen sehr guten Arzt.« Goldie sagte: »Wenn du so einen guten Arzt hast, geh bitte zu einer Untersuchung. Er kann dir dann sicher helfen.« Er meinte: »Ach Goldie, das wird wieder.« Am nächsten Tag ein Foto aus dem Fitnesscenter. Goldie meinte: »Super, dass du wieder so fit bist.« Dann am Abend wieder ein Foto von seinem Essen. Ist das normal, dass die Männer ständig ihre Speisekarte an die Freundin verschicken, oder wollte er Goldie zeigen, wie gut es ihm ging? Goldie hatte einiges an Bildern zu löschen. Ihr Gerät sah aus wie die Speisekarte eines Restaurants. Dann wieder eine neue Mail: »Goldie, mein Kopf zerspringt mir wieder mal. Ich kann nicht einschlafen.« Goldie dachte: Oh Gott, muss diese Frau froh sein, dass sie diesen Typen los ist, scheinbar sucht er eine Mama oder eine Krankenschwester, aber keine Frau.

Also schrieb sie ihm zurück: »Du schreibst mir täglich, dir gehe es schlecht, dein Kopf zerspringe. Wie wäre es mal mit einem Besuch beim Neurologen und einem CT oder MRT?« Denn Goldies Mama war an einer Hirnblutung gestorben, und das Ganze hatte ebenfalls mit furchtbaren Kopfschmerzen angefangen. Aber Goldies Mama hatte auch nicht auf sie gehört. Da schrieb er zurück, morgen habe er einen Termin bei einem Neurologen. Goldie meinte noch: »Du bist der erste Mann, der auf mich hört.« Goldie erwog auch, ob er nicht vielleicht ein Hypochonder sei. Manche Männer sterben ja schon bei ersten Anzeichen einer triefenden Nase. Und tatsächlich, Goldie bekam nun ein Foto aus einer ihr unbekannten Arztpraxis. Anschließend bekam sie auch noch den Befund via E-Mail. »Clusterkopfschmerzen« hieß seine Erkrankung. Goldie dachte: Benötigen denn alle Herren ab 60 einen Schwerbeschädigtenausweis? Alle Herren der Schöpfung in diesem Alter, die Goldie bis jetzt kennengelernt hatte, waren schwer krank. Und alle fragten sie: »Goldie, bist du gesund?« Sollte das heißen: »Goldie, kannst du mich bitte pflegen, mir geht es ja so schlecht?« Suchten denn alle Männer in diesem Alter eine Krankenschwester?

Dann meinte Stuttgart 21: »Kann ich dich am Mittwoch besuchen kommen?« Sie sagte: »Ja, okay, das darfst du.« Dann meinte er: »Kann ich bei dir übernachten?« Goldie hat ja eine kleine Pension. Sie teilte ihm mit, dass alle Zimmer belegt waren und dass es besser wäre, er würde woanders übernachten – »In mein Bettchen kommst du nicht. Oder du fährst nach Hause, denn wir treffen uns ja schon um 14 Uhr.« »Nein, das geht nicht, denn ich habe noch einen Termin mit einem Bekannten.« Aha, dieses Mal eine LoveScout-Tour, dachte sich Goldie, denn auch sie hatte ihn bei LoveScout kennengelernt. Stuttgart 21 hatte ihr schon erzählt, dass er auch bereits am Vormittag einen geschäftlichen Termin hätte. Der war aber ziemlich schnell beendet. Sicher war es nur ein »Besichtigungstermin«, oder, wie Goldie immer sagte, ein »Casting«.

Stuttgart 21 zu Besuch bei Goldie

Am Mittwoch pünktlich um 14 Uhr stand dann ein großer, stattlicher Mann mit einem bunten Blumenstrauß vor ihr. Das Bäuchlein war schon etwas füllig. Sicher von den vielen guten Mahlzeiten, von denen er Goldie immer Bilder zugeschickt hatte.

Goldie hatte noch eine hausgemachte Rindfleischsuppe vom Vortag und bat ihn, am Tisch Platz zu nehmen. Sie unterhielten sich sehr nett und Stuttgart 21 war ein sehr sauberer, gut riechender Herr, der gar nicht so schlecht aussah. Wären da nur nicht die vielen Krankheiten gewesen! Er war wie aus dem Ei gepellt. Saubere Schuhe, saubere Kleidung in Weiß-Blau, Goldies Lieblingsfarben. Dann, gleich nach dem Essen, wurde er geschäftlich. »So, Goldie, wie hast du dir denn den weiteren Verlauf unserer Beziehung vorgestellt?« Sie wusste gar nicht, dass sie schon eine Beziehung hatten. Goldie sagte: »Ich habe mir hier ein Leben aufgebaut, und das in einer herrlichen, schönen Region. Dafür musste ich immer sehr hart arbeiten. Deshalb kommt es für mich nicht infrage, in einer Großstadt wie Stuttgart zu leben.« Außerdem, sagte Goldie, habe sie sich noch einmal sein Profil angesehen und ihr sei aufgefallen, dass er ja noch verheiratet bzw. getrennt lebend sei. »Ja«, gestand er, »das muss leider auch so bleiben, denn würde ich mich scheiden lassen, müsste ich mit einem Koffer bei dir einziehen und du müsstest mich aushalten und das möchtest du doch sicher nicht!« Das bestätigte Goldie, sie wollte weder einen Mann aushalten noch wollte sie, dass der Mann nur aus finanziellen Gründen an einer angeblich schlechten Beziehung festhielt. Eine Beziehung mit einem verheirateten Mann kam für sie nicht infrage, auch wenn er von seiner Frau getrennt war. Was sollten denn die Leute denken, wenn sie ein verheirateter Mann in der Öffentlichkeit herumzeigte? Er meinte: »Es ist so: Das Geschäft gehört noch immer meiner Frau und mir gemeinsam. Und sollte ich sie auszahlen müssen, dann bin ich ruiniert.« Goldie und Stuttgart 21 trennten sich kurz nach dem Gespräch. Ab diesem Tag kamen keine Mails mehr von ihm. Goldie hofft, er werde wieder gesund, ohne Clusterkopfschmerzen, und findet die Frau seines Lebens! Es wäre ihm zu wünschen.

Geminus, 57

Dann kam Goldie in Kontakt mit einem gut aussehenden Mann aus Bayern.

»Hallo, Tom«, schrieb Goldie, »du fragst, ob ich Engel geheimnisvoll finde? Ich mag alles, was mit Engeln zu tun hat. Hast du deinen Arbeitstag gut hinter dich gebracht? Ist dein Foto einigermaßen aktuell oder aus der Jugend? Die Herren, mit denen ich mich getroffen habe, waren oft kaum wiederzuerkennen. Alle Fotos ca. 10–15 Jahre alt. Der Zahn der Zeit hat halt Veränderungen gebracht. Wie bei jedem von uns. Zum Glück kamen sie zu mir nach Hause, denn vor einem Restaurant oder Café hätte ich mich gefragt, wo der Jüngling denn bleibt. Meine Fotos sind nun 3 und 6 Monate alt. Wie waren denn deine Erfahrungen? Ich bin ja nur noch ein paar Tage bei LS und noch drei Wochen auf Partner.de. Ich habe noch ein Jahr bei Parship gebucht. In der Regel kommen die Herren aber alle von weiter her, mindestens 250 Kilometer. Würzburg, Hamburg und Berlin sind extrem vertreten. Aber keiner kam aus meinem Ort. Ich hatte gleich wieder gekündigt und habe keine Lust, durch die Weltgeschichte zu reisen. Dieses Gesuche ist wirklich nervig. Und es wäre schön, wenn es endlich mal vorbei wäre. Aber bis jetzt hat es noch nie gepasst! Lass es dir gut gehen und einen schönen Abend wünscht Goldie«

»Guten Morgen, Goldie,

oder wie ist dein richtiger Name? Mein Foto ist ein Jahr alt und so großartig habe ich mich nicht verändert! Ich schau vielleicht noch etwas besser aus, was ja fast nicht mehr möglich ist. Sag mal, du kannst doch die Männer nicht zu dir nach Hause einladen! Das ist doch viel zu gefährlich, meinst du nicht? Übrigens bist du mit deinem Profil auf Neu.de gelandet. Mein Arbeitstag ist zurzeit sehr stressig, weil ich nach der Arbeit noch viel unterwegs bin. Aber nachdem ich festgestellt habe, dass der Geschmack vieler Damen sehr kostspielig ist, muss ich nebenher noch woanders arbeiten. Das ist gar nicht so einfach. Die meisten Damen suchen Männer mit großen Autos und dickem Geldbeutel, das ist wichtig! Was arbeitest du denn den ganzen Tag? Du kannst dich ja nicht nur um Engel kümmern, oder? Sorry, wenn ich dir meistens am Morgen schreibe, aber bei mir geht es gerade ziemlich drunter und drüber. Arbeit ohne Ende, aber ich muss sie machen, wenn sie da ist. Im Mai wird es bei mir ruhiger. Meinst du, dass wir uns da mal treffen sollten, oder ist das für dich zu lange hin?

Du bekommst ja täglich Hunderte Anfragen von tollen Männern. Warum solltest du gerade auf mich warten?

Grüße, Tom«

»Hi, Tom,

willst du tatsächlich wissen, was ich mache? Ich schreibe gerade ein neues Buch über Erlebnisse auf Parship und LoveScout. Du kommst aber noch nicht darin vor, denn du bist zu normal. Das Ganze ist echt schräg, was da passiert. Ich hatte es zwar nicht vor, aber es sind so viele irre Dinge passiert, dass ich sie einfach aufschreiben muss. Kommst du im Mai 2017 oder 2018? Ich heiße Madeleine oder Maddy, aber mein Künstlername auf LoveScout ist Goldie. Das ist netter als mein Name und ich habe mich schon so dran gewöhnt. Würde den Namen am liebsten für immer beibehalten.
Wünsche dir eine gute Nacht, Goldie«

»Hallo, Goldie,

na, das mit dem Mai war eigentlich schon für das Jahr 2017 gedacht. Ich bin die letzten beiden Aprilwochen im Urlaub und davor habe ich eben viel zu tun. Aber bei deinem Verschleiß an Männerdates muss ich mich wohl ranhalten. Bist ja eine hübsche Frau, da ist es kein Wunder, wenn dir so viele hinterherlaufen. (Ich muss dazu sagen, Tom und ich schreiben uns schon seit Ende Februar die Finger wund und haben uns noch nie gesehen. Dabei wohnen wir nur 120 Kilometer voneinander entfernt.) Aber der Beste kommt eben nur aus A..., groß, mit vielen Haaren (aber nur auf dem Kopf), guten Manieren und so weiter. Aber wenn es bei dir so dringend ist, dann schlag zu. Ich kann es nicht verhindern. Bist du schon auf oder bist du noch ganz erledigt von deinem Date gestern? Wie war es denn? War er der Richtige? Also, ich bin bei Neu.de angemeldet und da tauchst du auch auf, sonst hätte ich dich ja nicht entdeckt, was sehr schade gewesen wäre. Ich wünsche dir einen schönen Tag – und keine Sorge: Ich schreibe nur mit dir und treffe mich auch mit keiner anderen. In den Urlaub fliege ich mit einem Kumpel von mir. Es geht auf eine Insel.

Ganz liebe Grüße, Tom«

»Hallo, Tom,

also, mein DATE gestern lief sehr gut. Er war ein sehr netter, gut aussehender und vor allem gepflegter Mann. Ich war scheinbar seine Traumfrau. Er meinte, ich sei die erste Frau, die auch so aussieht wie auf den Fotos und er würde gerne eine Beziehung mit mir eingehen. Ich sagte, das geht noch nicht, denn ich habe noch mehrere Castings. Er wollte wissen, wie viele. Ich meinte fünf. Er wollte gleich eine Entscheidung. Wenn ich ehrlich bin, da war trotz aller positiven Eigenschaften kein Aha-Effekt. Was leider dazu beigetragen hat, war sein extremer Dialekt. Und die Größe. Er war nicht sehr groß und ich liebe große Männer. Goldie möchte ja nicht den Mann beschützen müssen. Aber wir konnten viel zusammen lachen. Wie du siehst, berichte ich dir schon von meinen Dates, und das ganz ehrlich. Das ist ja schon sehr viel Nähe, die ich bei dir zulasse. Ich drücke dich und wünsche dir einen schönen Mittwoch.

Goldie«

»Ja, Goldie, sag mal, du schreibst ja vielleicht Sachen, da werde ich ja gleich eifersüchtig. Tja, ohne Wow-Effekt ist das Ganze natürlich nicht so einfach. Wird bei uns wohl auch mal so sein (vorausgesetzt, du bist noch zu haben bei deinem Tempo). Entweder ich stürze mich auf dich oder nicht. Aber erst einmal muss ich ja noch deine restlichen fünf Dates unbeschadet überstehen. Bin ich da auch schon mit eingerechnet oder laufe ich noch unter ›außer Konkurrenz‹?

Ich küsse dich jetzt mal ganz frech!«

»Ja, Tommi, wie heißt es? Wer zu spät kommt, den bestraft das Leben. Oder: Bevor andere Wurst sagen, habe ich die schon gegessen. Sei doch froh, dass es keinen Flash dem Herrn gegenüber gab. Das heißt ja, ich bin noch auf dem Markt. Im Moment bist du auf Rang 5, aber ich weiß nicht, ob sich bis Mai nicht noch ein paar dazwischengeschoben haben. Dann rutschst du vielleicht auf Rang 10 oder 15. Aber die meisten Dates habe ich ja schon abgeblockt. Der Arme musste auch Tabletten schlucken. Die Herren der Schöpfung sind alle krank. Hatten vielleicht böse Frauen? Alle mehrmals geschieden, genau wie du! Also, ich gehe nicht in die Sauna. Da sitzen alle nackt und das mache ich nicht.

Nackig machen sich immer die anderen. Ich drücke dich, mein Platz 5. Vielleicht steigst du auf oder ab. Neues Spiel, neues Glück!

Goldie«

»Hallo, Schneckerl,

ja, jetzt, wo ich Nummer 5 bin, kann ich ja etwas frecher werden, ich bin nämlich alles, nur nicht brav und schüchtern. Ich werde mich bemühen, einen früheren Termin anzuberaumen, mal schauen, ob du das auch wert bist. Sich mit lauter Hampele treffen und mir den Mund wässrig machen! Ein Skandal ist das! Ich gehe mal davon aus, dass ich aufsteige, wo auch immer! Drück und küsse dich, mein Gold(ie)stück,
dein Tom«

Ja, Tom war ein sehr netter und unterhaltsamer Mann. Ich konnte sehr viel mit ihm lachen, bereits seine Mails waren so wunderbar lustig. Wir schrieben uns sehr lange und dann kam das erste Zusammentreffen. Am 30. März um 8 Uhr klingelte es an der Haustüre. Es war Tom. Er hatte sich am Vortag angekündigt und gemeint, ich soll meinen schönsten Jogginganzug für ihn anziehen. Tom kam mit frischen Semmeln und einem Herz aus Schokolade, gefüllt mit Pralinen. Er machte einen fröhlichen und lustigen Eindruck. Er war eigentlich ein Mann, mit dem man viel Spaß haben konnte. Aber er wollte genau das, wovor er mich bereits im Hinblick auf die restliche Männerwelt gewarnt hatte. Er meinte, 90 Prozent wollten nur mit den Frauen schlafen, und das schon beim ersten Treffen. Deshalb war Goldie ja der Meinung, Tom musste anders sein. Aber er war eigentlich einer der schlimmsten. Er meinte, wenn Goldie einen zum Kuscheln brauche, sei er der Falsche, denn er brauche Sex. Goldie meinte, Sex sollte man nicht so überschätzen, denn zuerst müsse man sich ja mal kennenlernen und auch mögen und verlieben. Er könne ja Aids oder sonstige Krankheiten und Keime mit sich herumtragen. Bei Goldie gab es keinen Sex am ersten Tag, sondern erst dann, wenn Goldie richtig verliebt war. Es gab keine One-Night-Stands. Um 15 Uhr verschwand Tom wieder mit der Begründung, er müsse noch arbeiten. Sie schreiben sich noch immer. Und Goldie war überrascht, als sie von ihm eine Mail bekam, in der stand:

»Hallo, Schneckerl, ich mache dir doch keinen Vorwurf, weil wir nicht miteinander geschlafen haben. Sei bitte nicht ungerecht. Ich finde das sehr gut von dir und gebe dir uneingeschränkt recht mit deiner Meinung. Was treibst du denn heute so? Dickes Bussi, Tom«

Sollte Tom doch noch zur Vernunft kommen? Goldie und er schrieben sich noch immer, aber es gab keinen Sex! Und es würde auch keinen Sex geben. Er ist für Goldie ein guter Freund geworden.

Tom fuhr für zwei Wochen in Urlaub. Er war so vergesslich, er wusste noch nicht einmal, wohin die Reise ging.

Aber er wusste, dass er sich sein Essen für den Flug vorbestellt hatte. Und er wusste auch noch, dass er Hähnchen bestellt hatte. Goldie musste schallend lachen: »Du weißt, was du zu essen bekommst, aber du kennst das Kaff nicht, in dem du Urlaub machst? Bitte sag deinem Kumpel, er soll dir noch einmal die Abflugdaten mit Ortsangabe und der Fluglinie geben. Am besten, er holt dich ab! Sonst kannst du dein Essen am Flughafen einnehmen, aber nicht im Flugzeug.«

Dann, einige Wochen später, meldete sich Tom wieder bei Goldie:

»Hallo, Schneckerl, na, schon auf? Wie weit bist du denn schon mit deinem Buch? Ich hoffe, es geht dir gut! Dickes Bussi von Tom.«

Goldie: »Hallo, Tom, lebst du noch? Wie war dein Urlaub? Mein Buch ist fast fertig, aber es gibt noch immer kein Happy End!«

Tom: »Der Urlaub war an und für sich sehr schön, außer dass ich am zweiten Tag meine Zähne im Atlantik verloren habe. Mich hat eine Welle mitgerissen und als ich mich wieder hochgekämpft hatte, waren meine Zähne, die teuren Implantate, weg. Wie geht es mit deinen Dates? War immer noch nichts Gescheites dabei?«

Goldie: »Du und deine Zähne! Dann waren deine Chancen bei den Damen in der Dominikanischen Republik ja sehr geschmälert. Tom ohne Zähne und das noch im

Frontbereich. Das sah sicher nicht so gut aus! War die Welle so stark, dass einem schon die Zähne ausgefallen sind? Da bin ich ja glücklich, dass ich alle meine Zähne noch habe. Es sind aber bei mir auch immer noch die zweiten. Bei dir schon die dritten, die Implantate, wie du mir ja berichtet hattest. Das tut mir unsagbar leid. Auch wegen der hohen Kosten. Wechsle mal den Zahnarzt.«

Tom hatte Goldie berichtet, er habe sich wegen der hohen Kosten die Implantate im Ausland machen lassen. Und es war bereits das zweite Mal, dass er die Zähne verloren hatte. Aber dieses Mal ohne Wiederkehr, seine teuren Zähne lagen auf dem Grund des Atlantik! Goldie hörte dann länger nichts mehr von Tom, sicher war er mit seinen neuen Zähnen beschäftigt.

Die meisten Männer wollen zuerst Sex und Frauen wollen zuerst Liebe, Zuneigung, Gefühle, Streicheleinheiten, Kuscheln, und wenn sie sich für einen Menschen bzw. Mann entschieden haben, dann kommt Sex von ganz alleine! Sex ist sozusagen der Höhepunkt in einer Beziehung. Wie können Mann und Frau so verschieden sein? Kann Goldie unter diesen Voraussetzungen jemals einen Partner kennenlernen? Goldie kann doch nicht mit jedem streunenden, testosterongesteuerten Katerchen ins Bett springen. Wird das jetzt immer so ablaufen? Auf diese Art und Weise wird das nie etwas. Denn Goldie möchte den Mann erst einmal kennenlernen, bevor sie mit ihm ihr Bettchen teilt. Goldies Freundin sagte ihr bereits: »Du kannst diese Typen nicht zu dir nach Hause einladen, denn du signalisiert ihnen gleich Bereitschaft.« Ist Goldie da zu naiv, das so zu sehen, oder hatte ihre Freundin Petra tatsächlich recht? Aber Goldie wollte nicht mit einem Blümchen in irgendeinem Lokal sitzen und auf einen Typen warten, der sich optisch total von seinem Foto unterschied. Es wäre ihr vollkommen peinlich gewesen, ständig Ausschau zu halten nach dem Herrn, mit dem sie verabredet war. Was war die bessere Alternative? Petra warnte sie: »Du kannst auch mal an einen Irren oder an einen Stalker geraten. Wenn der mal deine Telefonnummer und deine Adresse hat, hört das nicht mehr auf!« Eigentlich hatte ihre Freundin recht und Goldie sollte sich schnell etwas einfallen lassen. Goldie hatte zwar einen Führerschein, aber sie fuhr nicht mehr selbst mit dem Auto. Nachdem sie als Beifahrerin bei drei Totalschäden dabei war, hat sie mit dem Autofahren aufgehört.

Träumerle, 54

Als Träumerle an Goldie schrieb, war sie entzückt, denn Träumerle hatte wunderschöne blaue Augen, da wurde man sogar schon von dem Foto schwach. Aber leider kam er nicht aus ihrer Region. Und sie hatte das Ganze gleich wieder vergessen.

Träumerle schrieb: »Hallo, Goldie, hübsche Unbekannte. Gibt es eine Chance, dich kennenzulernen? Leider sind es fast 700 Kilometer bis zu dir. Aber ich musste feststellen: Die schönsten Frauen leben alle im Süden. Haben wir eine Chance? Es ist immer das Gleiche. Die netten Frauen sind im Süden und ich komme aus dem Norden. Meinst du, wir kommen mal zusammen, und wenn es nur ein Wochenende ist?«

Goldie: »Guten Morgen! So geht es mir leider auch. Ich schaue schon gar nicht mehr, wenn die Herren von weither kommen, denn leider bin ich an meinen Wohnort gebunden. Kompliment, du hast wunderschöne Augen.« Sie sahen wirklich aus wie zwei wunderschöne, funkelnde Sterne. Solche Augen sah man selten. Aber das wollte sie ihm dann doch nicht so schreiben.

Träumerle schrieb: »Ich würde trotzdem gerne mit dir telefonieren! Hier hast du meine Telefonnummer.«

Goldie antwortete: »Telefonieren macht nur traurig. Dann gefällt einem die Stimme und der Mensch und man kommt dann doch nicht zusammen, das tut schon weh!«

Träumerle: »Schade, dass du das Risiko, mit mir zu telefonieren, nicht eingehen möchtest. Vielleicht überlegst du es dir noch einmal, ich würde mich riesig freuen. Ich bin noch nicht vergeben, du hast meine Telefonnummer und könntest mich jederzeit anrufen. Ich würde mich auch gerne mit dir treffen. Aber wenn wir uns mögen, kann es schwierig werden.«

Goldie: »Du bist ja ganz schön flott! Ich werde deine Telefonnummer mal speichern. Ich wünsche dir noch einen schönen Tag.«

Als er ihr mitteilte, dass er ein hohes Tier beim Militär und in diversen Kriegseinsätzen gewesen sei, kamen Goldie gleich Bedenken. Er hatte auch nie längere Beziehungen gehabt. Sicher lag das an seinem Beruf. Goldie kannte einige Frauen, die mit solchen Männern verheiratet waren, und sie waren nicht glücklich, weil dieser Befehlston der Bundeswehr oft mit nach Hause getragen wurde. Da gab es aber sicher auch Ausnahmen.

Ja, viele der großen, gut aussehenden Herren mit den schönen blauen Augen und blonden Haaren kommen aus dem Norden. Und wenn man aus beruflichen Gründen an einen Ort im Süden gebunden ist, wird das wirklich schwierig. Und nun erinnert sich Goldie noch an die Bedeutung des Wortes »Träumerle«! Alles nur ein Traum – einschläfernd, langweilig, Tagträumer. Vielleicht aber auch ein Vorurteil? Träumerle und Goldie schreiben sich noch immer, und das bereits seit vier Monaten. Goldie hat mittlerweile sehr viele nette Brieffreunde. Aber sie weiß nicht, wie lange Träumerle noch schreiben möchte, denn immer wieder kündigt er seinen Besuch an. Aber Goldie unterstreicht dann, dass das nichts bringe, denn er würde zu weit weg wohnen. Goldie weiß nicht, ob ihre Brieffreundschaft diese Zurückweisungen noch länger übersteht. Aber es sind nun schon fünf Monate vergangen und Träumerle schickt ihr noch immer jeden Morgen zwei Kaffeetassen und stößt mit ihr auf den neuen Tag an. Goldie hat ihn vor ein paar Tagen gefragt: »Hast du schon eine nette Dame kennengelernt?« Träumerle verneinte und ergänzte: »Aber dich habe ich kennengelernt!« Das kann natürlich noch eine Weile so weitergehen. Denn noch immer bekommt Goldie am Morgen und am Abend eine nette Mail. Gute Freundschaften sind auch etwas ganz Besonderes. Es muss ja nicht immer gleich in einer Bettgeschichte enden.

Leider arbeitet Träumerle in der Armee und war bei vielen Auslandseinsätzen dabei. »Das war sicherlich ein sehr großer emotionaler Stress für dich«, schrieb sie ihm. Er konnte das bestätigen. Und da war sich Goldie sicher, dass das der Grund war, weshalb seine Ehe nur vier Jahre gedauert hatte.

Plötzlich bekam Goldie wieder mehrere Nachrichten von Träumerle. Es waren sehr viele Fotos. Es sah plötzlich aus wie bei Stuttgart 21: Müsli, Früchtecocktail, Pfannkuchen, Mittagessen, Abendessen. Er schrieb dazu: »Goldie, wenn du schon nicht mit mir in Urlaub fährst, sollst du wenigstens sehen, was ich im Urlaub so mache und esse.«

Goldie fragte: »Wo bist du denn?«

Träumerle: »Ich befinde mich in Ägypten, leider ohne dich!«

Goldie: »Dann genieße deinen Urlaub. Dann bekommst du auch mit niemandem Streit.«

Regenbogen, 54:

Er schrieb: »Goldie, du bist genau mein Typ, ich möchte dich kennenlernen!«

Goldie antwortete ihm: »Du hast kein Foto eingestellt, das ist mir immer etwas suspekt!«

Regenbogen meinte: »Hier ist meine Telefonnummer, rufe meine Fotos bitte ab!«

Nachdem der Herr nicht aufgab – er hatte Goldie bereits mehrfach kontaktiert –, schaute sie ihn sich mal an. Er sah tatsächlich sehr gut aus, was sie angesichts dieses Hin und Her nicht vermutet hätte.

Goldie schrieb: »So, wie du aussiehst, solltest du schon lange in einer festen Beziehung sein, denn du hast mich ja bereits vor vier Monaten kontaktiert.«

Regenbogen meinte: »Du hast ja nie reagiert und ich möchte mich nicht fest binden. Ich möchte nur Spaß haben und suche lockere Beziehungen – und, wenn ich ehrlich bin, nur etwas fürs Bett. Und außerdem hat es mir bis jetzt bei keiner der Damen gefallen. Ich habe mich weder verliebt, noch habe ich mich von irgendeiner Frau angezogen gefühlt. Das könnte sich eventuell bei dir ändern. Komm, schick mir doch mal ein paar andere Fotos.«

Sofort dachte Goldie an den einen Herrn, der Nacktfotos von ihr wollte, und sie schrieb an Regenbogen: »Ich habe weder Krampfadern oder Hühneraugen noch sonstige Anomalien, sodass du keine weiteren Fotos von mir benötigst. Denn du konntest mich ja auf den anderen fünf Fotos sehen. Ich bin außerdem nicht fettleibig. Du wirst keine böse Überraschung erleben. Aber, lieber Werner, du hast das Leben nicht verstanden: Zuerst kommt die Liebe, dann kommt der Sex. Die Liebe ist etwas ganz Besonderes. Man muss sich angenommen und geborgen fühlen. Dieses Gefühl wird bei einem Mann wie dir niemals aufkommen. Du nutzt die Frauen nur aus, um deinen Trieb zu befriedigen. Und befriedigen kann sich jeder selbst, sollte es nur um körperliche Befriedigung gehen. Du bist auch nicht mehr der Jüngste und später wirst du einmal sehr einsam sein, wenn das dein Credo ist.«

Werner meinte: »Goldie, das ist mir egal, denn ich lebe für den Moment, im Hier und Jetzt!«

Goldie: »Ich möchte nicht dein Moment sein, sondern ich suche den Mann fürs Leben. Und es muss der Richtige sein. Vor allem muss ich ihm vertrauen können. Wir beide passen leider nicht zusammen, denn ich bin

kein oberflächlicher Mensch. Und in einer Beziehung werden zwei Hälften zu einem Ganzen. Auch wenn es im Moment noch nicht mein Wunsch ist, mit jemandem zusammenzuleben, bin ich trotzdem treu. Und freue mich auf die Zeit mit meinem Partner. Und noch etwas ganz Wichtiges, das solltest du dir besonders zu Herzen nehmen. Ich bin nicht auf der Suche nach Aids, sondern auf der Suche nach einem Mann, der mich liebt für das, was ich bin. Lieber Werner, ich wünsche dir, dass du auf der Plattform der großen Liebe begegnest und die Frauen nicht ausnutzt und sie nur zu einem flüchtigen Abenteuer degradierst. Vielleicht verliebst du dich mal wirklich, und genau das, was du den Frauen angetan hast, kommt dann auf dich zurück.

Sugardaddy, 49

Er beschrieb sich als gut aussehend, weit gereist, selbstständig, 1,87 m groß, blaue Augen, humorvoll, geschieden, modisch, angenehm. Und er wohnte tatsächlich nur 50 Kilometer von Goldie entfernt.

Goldie schrieb: »Ich möchte nur einen Nichtraucher, denn ich war mal Kettenraucherin und habe mir das Rauchen unter Seelenqualen abgewöhnt. Ich hoffe, du rauchst nicht, denn du sagtest, die Dame darf Raucherin sein. Ein Raucher wäre mir zu gefährlich. Das ist wie bei einem trockenen Alkoholiker: Wieder der Gefahr ausgesetzt, kann man rückfällig werden.«

Sugardaddy: »Ich rauche nicht. Ja, ich habe schon zwei nette Mädels hier kennengelernt. Aber nur kennengelernt, denn es hat bis jetzt noch nicht gefunkt. Hast du schon ein paar nette Jungs kennengelernt? Was hältst du denn davon, wenn wir uns mal persönlich kennenlernen? Du wohnst ja nur um die Ecke!«

Goldie: »Morgen habe ich ein weiteres Date. Aber bei mir hat es auch noch nicht gefunkt. Das mit dem Funken ist gar nicht so einfach!«

Von Sugardaddy hat Goldie nichts mehr gehört. Aber irgendwann, vier Wochen später, konnte Goldie lesen:

»Sugardaddy möchte dich treffen.« Aber nach der langen Pause nahm Goldie keinen Kontakt mehr mit ihm auf. Er hatte seine Chance vertan.

Hänschen schrieb:

»Hallo, Goldie, ich bin Ausbildungsmeister in der Metallbranche. Sportlich, jung geblieben, lustig und markant, sportlich gekleidet. Ich habe eine eigene Wohnung, kann kochen, tanzen, putzen. Denn ich komme aus einer Großfamilie. Ich bin 1,78 m groß und Nichtraucher. Ich will mich mit dir treffen, wenn möglich, sofort!«

Goldie: »Hallo, Hänschen, ich suche eigentlich einen Mann und keine Putzfrau und keine Köchin!«

Hänschen: »Willst du mich nun kennenlernen oder nicht?«

Goldie: »Das geht mir alles zu schnell!«

Hänschen: »Hallo?«

Hänschen: »WhatsApp, bitte!«

Hänschen: »Willst du lieber telefonieren?«

Hänschen: »Suchst du nur einen Brieffreund oder einen Mann?«

Boy, 58

»Hallo, Goldie, was hältst du davon? Ich möchte etwas Ehrliches. Und was passt da besser, als wenn wir zwei einmal in der Öffentlichkeit einen Kaffee trinken? Dann beschnuppern wir uns und wissen sofort, ob wir uns mögen! Klingt doch super, oder? Wann hast du Zeit, liebe Goldie?«

Goldie hat sich auf diese Mail nicht gemeldet. Der Ausdruck mit dem »beschnuppern« hat ihr gar nicht gefallen. Sie stellte sich das vor wie bei einem Hundetreffen, wo die Tierchen aneinander schnuppern und dann entscheiden, ob sie sich vereinen. Das war nicht das, wonach sie suchte.

Goldie hatte tatsächlich langsam Panik, jedem Hans und Franz ihre Rufnummer zu übermitteln. Denn schließlich war es ja möglich, dass sie mal an einen Stalker geraten würde. Oder an einen, der nicht alle Tässchen im Schrank hat. Nicht alle auf den Datingportalen sind gute Männer. Vielen sieht man nicht an, was sie vorhaben. Auch die Herren, mit denen sie sich traf, warnten sie vor ihren männlichen Kollegen und davor, dass diese nicht immer gute Absichten hegten. Sicher konnten die Herren der Schöpfung das besser beurteilen. Deshalb, Mädels, seid etwas vorsichtiger, als Goldie es war. Vielleicht ist sie mehr Risiken eingegangen, weil sie ein

Buch schreiben wollte. Also, trefft euch niemals mit den Kerlen bei euch zu Hause. Alle wollen mit euch ins Bettchen. Zumindest dann, wenn ihr gut aussehende Ladys seid. Und das ist sicher: Es tummeln sich viel hübsche Mädels auf den Portalen. Es gibt noch immer viele hübsche Mädels, die in keiner Beziehung sind.

Miami, 80

»Meine liebste Goldie, ich habe dein Profil angesehen und finde, du und ich, wir passen super zusammen. Wir haben die gleichen Interessen und Gedanken, fast wie Zwillinge!« Goldie machte sich nun Gedanken: War sie denn so langweilig, dass sie die gleichen Interessen wie ein 80-Jähriger hatte? Sie schrieb doch »Fitnessstudio, Tanzen, Reisen, usw.« »Ich bin halt nur ein wenig älter als du«, meinte Miami, »aber dafür habe ich die Lebenserfahrung und die Weisheit. Und dass ich einen Arm verloren habe, ist ja nicht störend. Mein Kopf ist fit! Ich bin fit für dich, meine liebste Goldie! Von meiner umfangreichen Lebenserfahrung kannst du sehr viel lernen!«

Goldie dachte: Aha, 80-Jähriger sucht Pflegerin. Aber er hatte sie neugierig gemacht und deshalb wollte sie sich seine Seite mal näher ansehen. Da stand: »Ich bin ein Hitzkopf.« Aha, 80 Jahre und kein bisschen weise, dachte Goldie! Und Miami ist wohl sein Urlaubsdomizil im Rentnerdasein. Aber das Schlimmste, was Goldie auf dem Foto auffiel: Er hatte keine Zähne mehr, mehrere Zahnlücken umrandeten sein freundliches Lächeln.

Goldie schrieb zurück: »Miami, bitte, sei mir nicht böse. Diese Absage hat nichts mit deinem Alter zu tun, aber ich brauche keinen Hitzkopf in meinem Leben. Das habe ich hinter mir. Davon habe ich genug mitbekommen, als meine Kinder in der Pubertät waren. Ich wünsche dir alles Gute auf der Suche nach dem großen Glück!«

Der Irre, 96

Auf LoveScout schrieb er Goldie an. Sie gab ihm den Namen »Der Irre, 96«. Er schrieb auf seiner Seite, er sei 1,39 m groß und 96 Jahre alt. Er suche eine Frau zwischen 19 und 99 Jahren. Da fiel Goldie ja noch in sein Beuteschema! Dann schrieb er im Text: »Irgendwann schlägt die Stunde der Wahrheit, dann heißt es: lügen, lügen, lügen!«

»Ich bin 1,39 m klein und habe eine Glatze. Mein Lebensstil ist rockig. Charakter: stolz. Erscheinungsbild: keine Schönheit. Staatsangehörigkeit: kiribatisch. Ich wohne bei meinen Eltern. Meine Haustiere: Reptilien, Insekten, Nagetiere. Ich habe einen akademischen Abschluss, ich esse makrobiotisch. Und ich bin Agnostiker, aktiv praktizierend. Ich will keine Kinder und ich weiß auch nicht, ob ich mich binden möchte! Ich rauche und trinke regelmäßig. Ich bin Feuerwehrmann und verdiene 100 000 Euro im Jahr. Ich spreche Deutsch und Esperanto. Meine Sportarten: Extremsport, Billard, Darts.

Ich suche dich: 18–99 Jahre, Größe: 1,40–1,41 m, Gewicht: 58–120 kg. Haare: weiß, rot oder Glatze. Augen: schwarz. Du sollst rockig sein, mit deinen Kindern bei deinen Eltern wohnen. Du sollst im Ruhestand sein und 100 000 Euro im Jahr zur Verfügung haben. Filmgeschmack: Erotik. Du sollst regelmäßig trinken und rauchen und auf keinen Fall romantisch sein.«

Also, der Irre mit diesem Profil schrieb Goldie an: »Hi, Goldie, wenn du mich nimmst, lade ich dich ein nach Vienna, Milano und Barcelona.« Goldie schrieb: »Du, das ist nicht nötig, denn das kenne ich schon alles. Für 96 Jahre hast du dich ja gut gehalten. Und deine Haare sind wieder nachgewachsen.« Er schrieb: »Aber Goldie, ich könnte dir andere Orte zeigen, die du noch nie gesehen hast.« Goldie antwortete: »Hey, du Irrer, du kannst ja super lügen. Aber ich sage dir jetzt mal die Wahrheit, weil du ja so wunderbar lügen kannst. Was steckt tatsächlich hinter Goldie? Goldie ist Buchautorin und schreibt gerade ein Buch über ihre Erlebnisse auf Partnerbörsen und über Typen wie dich. Gib mal die Wahrheit preis und ich werde darüber schreiben! Manchmal geht der Schuss auch nach hinten los. Da wolltest du die Damen vergackeiern und jetzt kommt es auf dich zurück. Dein Quatsch steht demnächst in Goldies Buch! Haha!«

Der Irre 96 antwortete: »Autoren sind im Grundsatz ja Forscher. Oder siehst du das anders? Erforsche doch mal mich! Küss mich und der Kuss erzählt dir, was dahintersteckt. Jetzt wirst du sicher zu Recht sagen, ich küsse doch nicht jeden Deppen nur für mein Buch. Darauf sage ich, küsse nur die Interessantesten und Spannendsten für dein Buch! Küss einfach mich! Alles klar?«

Goldie: »Na, du alter Sack, bist du noch immer zu haben mit all deinen Märchen, die du den Frauen erzählst? 96 Jahre alt, 1,39 m groß usw.? Dich nimmt doch keiner ernst! Dir noch einen schönen Abend und viel Glück!«

Der Irre 96: »Goldie, mich soll man auch nur nehmen, ernst wird es von ganz alleine. Aber wie ich sehe, traust du dich nicht!«

Goldie: »Das hat nichts mit trauen zu tun. Ich möchte genau wissen, mit was und mit wem ich es zu tun habe. Ich liebe keine bösen Überraschungen.«

Der Irre 96: »Ganz einfach; was dich erwartet, das siehst du auf dem Bild! Das ist das einzige, was echt und frisch ist.«

Goldie: »Da kann man nicht viel sehen! Und wenn du tatsächlich nur 1,39 m groß bist, muss ich dich ja tragen!«

Der Irre 96: »Dann triff mich! Du wirst es nicht bereuen. Spätestens dann werden sich alle Rätsel auflösen! Aber eine einzige Bedingung hätte ich: Du musst mich küssen! Oder hast du Angst? Nur Mut, Goldie, ich warte auf dich!«

Er schrieb ihr noch öfter und meinte, die Überraschung käme beim ersten Treffen. Aber darauf konnte Goldie verzichten. Denn wer so einen Quatsch schreibt, soll nicht auch noch Anhänger finden.

Goldie brach dann die Kommunikation ab, denn sie hatte kein Interesse daran, sich mit diesem Irren zu treffen. Auch wenn er noch so verrückt war. Bereits so verrückt, dass man eigentlich wissen wollte, wer dahintersteckte. Goldie hätte ihn sich vielleicht doch anschauen bzw. ihn treffen sollen.

Er hatte vier Bilder eingestellt. Auf dem einen Foto war sein Gesicht nur zur Hälfte sichtbar. Bei dem zweiten Foto stand: »Fuck everything and become a Pirate.« Die anderen beiden Fotos waren so obszön, dass Goldie darüber lieber nicht schreiben wollte. Trotzdem musste man sich wundern, ob die Leute von LoveScout, die diese Bilder und Texte kontrollierten, tatsächlich richtig hingeschaut hatten? Aber er ließ sich nicht beirren, denn er schrieb noch immer, schickte Küsschen und wollte weiterhin geküsst werden.

Noch ein weiterer Irrer kreuzte Goldies Wege. Er schickte ihr Fotos von seinen Zehen und Füßen. Vielleicht wollte der Gute von Goldie auch Fotos von ihren Zehen und Füßen. Vielleicht war der Herr ein Fußfetischist. Es gibt schon viele Kranke auf der Welt und man sollte tatsächlich aufpassen, auf wen man sich einlässt. Und Goldie musste noch immer daran denken, welcher Gefahr sie sich da eigentlich immer wieder ausgesetzt hatte, indem sie die Herren in ihr Haus ließ.

Puschi: »Hallo, Goldie, boah, hast du ein schönes Gesicht! Und diese Augen! Das Profil und unsere Gemeinsamkeiten passen ja auch wunderbar. Jetzt muss ich dir nur noch gefallen. Dein Puschi«

Puschi: »Warum schreibst du nicht? Bitte antworte mir. Oder hast du meine Mail nicht erhalten? Ich gebe dir meine E-Mail-Adresse.«

Goldie: »Hallo, lieber Puschi. Ich bin ja noch berufstätig. Und ich bekomme am Tag zwischen 40 und 60 Anfragen von einsamen Herzen. Oftmals komme ich nicht nach, alle zu beantworten. Also sei mir bitte nicht böse. Love-Scout macht es einem nicht immer einfach. Man kann sich auch nur ganz schwer entscheiden. So, Puschi, dir wünsche ich noch einen schönen, erfolgreichen Tag.«

Mit Puschi wollte sie keine Bindung eingehen. Alleine der Name hatte Goldie abgetörnt. Aber eigentlich hatte er auch wieder zu dem Herrn gepasst.

Alain, 53, aus München

Er schrieb auf Französisch. Ich werde es Ihnen übersetzen.

Alain: »Wunderschöne Frau, ich möchte Sie gerne kennenlernen. Könnten wir nicht unsere E-Mail-Adressen austauschen?« Er schickte Goldie auch seine Telefonnummer. Komisch, etwas stimmte nicht, denn er lebte und arbeitete angeblich in München und schickte ihr eine Telefonnummer aus Frankreich.

Goldie: »Aber ich weiß ja gar nicht, wie du aussiehst, schicke mir zuerst mal ein Foto von dir.« Und die Fotos kamen prompt. Er war ein sehr gut aussehender Mann, zu gut aussehend, sodass Goldie schon Verdacht schöpfte.

Goldie schrieb ihm: »Männer, die zu gut aussehen, aus dem Ausland kommen und deren Telefonnummer aus dem Ausland stammt, sind meistens Fake-Profile. Darauf falle ich nicht herein! Außerdem antwortest du immer sofort. Ein normaler Mann arbeitet um 10 Uhr am Morgen. Du scheinbar nicht. Jetzt haben wir 12 Uhr und du schreibst noch immer im Abstand von 10 Minuten. Sehr unglaubwürdig.«

Alain: »Ich arbeite für eine deutsche Firma am Computer und habe deshalb viel Zeit. Gib mir deine WhatsApp.«

Goldie: »Ich glaube dir nicht, dass du aus München kommst. Irgendetwas stimmt nicht bei dir.«

Alain: »Das ist meine private Telefonnummer. Die besitze ich schon seit Jahren. Für mich ist es so weitaus einfacher.«

Wie bitte? Es sollte einfacher sein, in Deutschland mit einer französischen Telefonnummer zu telefonieren? Sicher war es vor allem kostspieliger!

Goldie: »Gib mir die Telefonnummer von der Firma in München, für die du arbeitest, am besten deine Durchwahl. Und nenne mir den Namen der Firma.« Nun dauerte es schon etwas länger, bis sie eine Antwort erhielt. Sicher suchte der junge Mann verzweifelt nach einer Telefonnummer in München. Aber Goldie würde dort anrufen, sie hatte ja seinen Namen. Nicht, weil Goldie sich verliebt hatte, sondern weil sie einen Betrüger weniger auf der Plattform haben wollte. Wie heißt es? Die Frauen müssen zusammenhalten. Und tatsächlich, der gute Alain hatte Goldie aus seinen Kontakten gelöscht. Daraufhin hat Goldie seinen Namen bei einer Suchmaschine eingegeben und der besagte Herr tauchte bei Facebook auf. Er hatte die Fotos einfach herauskopiert. Damit dieser falsche Alain keine Frauen mehr betrügen würde, meldete Goldie ihn zur weiteren Überprüfung bei LoveScout. Denn warum sollte Goldie von einem ehrlichen Alain ganz plötzlich gelöscht werden? LoveScout hat sich bei Goldie bedankt und ihr mitgeteilt, dass der falsche Alain nicht mehr auf LoveScout sei. Man habe ihn sofort gesperrt.

LoveScout

Goldie hatte am meisten Freude bei LoveScout. Vielleicht saß da nicht gerade die Elite und es waren weniger Studierte vertreten, aber diese Plattform war nicht so steif wie Parship und ElitePartner. Die nettesten Herren, die sie kennenlernte, kamen von LoveScout und auf diesem Portal waren auch mehr Männer aus ihrer Region zu finden. Goldie wusste wirklich nicht, wie es möglich war, dass sie täglich so viele Anfragen erhielt. Einer der Herren hatte Goldie darüber informiert, dass er sie auf Neu.de gefunden hatte. Goldie sagte: »Ich habe mich niemals auf Neu.de angemeldet!« Aber er bestand darauf und fragte sie, wie er sie sonst hätte finden sollen – er sei nur bei Neu.de gelistet. Goldie bekam dann auch Anfragen von Herren, die bei Partner.de angemeldet waren. Ihre Vermutung war, dass mehrere Partnerbörsen zusammenarbeiten. Eigentlich eine gute Sache, denn so hörte die Flut der Anfragen praktisch niemals auf und die Auswahl war sehr groß. Goldie fand es auch super, dass man sich bei LoveScout für nur einen Monat anmelden konnte. Das war bei keiner anderen Partnerbörse möglich. Und die Preise waren moderat im Vergleich zu Parship und Elite-Partner. Je länger man sich dann nicht anmeldete, umso stärker fiel der Preis. Für einen Monat hatte Goldie zum Kennenlernen 39,90 Euro gezahlt, dann, als die Zeit auslief und sie nicht mehr verlängern wollte, bot man ihr 19,90 Euro für einen weiteren Verlängerungsmonat an.

LoveScout hat 24 Millionen Mitglieder, davon sind 55 Prozent Männer und 45 Prozent Frauen. Der Preis für einen Monat Mitgliedschaft beträgt 39,90 Euro. Bei 3 Monaten zahlt man 89,70 Euro, bei 6 Monaten 149,40 Euro. Und wenn Sie 12 Monate buchen, kostet die Mitgliedschaft nur noch 238,80 Euro, also 19,90 Euro im Monat. Es gibt auch eine 2-Jahres-Variante für 14,90 Euro im Monat. Das hielt Goldie jedoch für übertrieben. Denn wenn man dann seinen Traummann im ersten Jahr kennenlernte, zahlte man ein Jahr umsonst. Und die Chance, jemanden bei LoveScout kennenzulernen, ist sehr groß. Sie war nun seit 4 Monaten gelistet und bekam noch immer täglich mindestens 40–60 Anfragen. Leider nicht immer das, was sie sich wünschte, aber besser waren die Herren auf den anderen Portalen auch nicht. Vielleicht ein wenig arroganter, da besser ausgebildet. Goldies Favorit unter den Partnerbörsen ist definitiv LoveScout.

Parship

Beim Datingportal Parship hatte sich Goldie zuerst angemeldet. Man macht einen ausführlichen Test und wird an Herren vermittelt, die angeblich zu einem passen. Leider hat Goldie dort nichts Passendes oder Aufregendes kennengelernt. Fast alle Herren kamen aus Regionen, die für Goldie nicht infrage kamen. Aus ihrer Gegend war leider gar kein Mann dabei. Da Goldie ortsgebunden ist, war es nicht möglich, weiter auf dieser Seite zu bleiben. Es reisten nur ein paar Arbeitslose an, die gerne bei Goldie eingezogen wären.

Also, außer Spesen nichts gewesen – und das leider für 12 Monate, weil Parship desto teurer ist, je kürzer man bucht. Manchmal gibt es auch Sonderpreise. Bei Parship erscheinen zuerst der Beruf und das Alter und dann die Matching-Punkte.

Bei Parship sind 5,2 Millionen Singles aus Deutschland registriert, 11,1 Millionen sind es europaweit. Der Persönlichkeitstest berücksichtigt 30 Merkmale. Man bekommt dann darauf beruhend passende Partnerkandidaten vorgestellt, und zwar anonym. Bei Gefallen kann dann das eigene Foto freigegeben werden.

Bei einer Laufzeit von 6 Monaten zahlen Sie 479,40 Euro. Bei 12 Monaten 658,80 Euro. Bei einer Laufzeit von

24 Monaten zahlen Sie 837,60 Euro. Wählt man eine monatliche Abbuchung, kommen noch einmal 5 Euro hinzu, was vermieden werden kann, wenn der Betrag in einer Summe bezahlt wird. Goldies Rat: Bitte kündigen Sie sofort, weil sich der Vertrag ohne rechtzeitige Kündigung wieder um die gleiche Laufzeit verlängert. Und lassen Sie sich die Kündigung schriftlich bestätigen – ansonsten sind Sie wieder für ein oder zwei Jahre dabei.

ElitePartner

Im Laufe der Recherche wollte Goldie auch Elite-Partner kennenlernen. Bereits beim Anmelden hätte sie nach einigen Tagen 40 Prozent Nachlass erhalten können. Den gab es allerdings nur für ein paar Tage. Dann, als Goldie keine Anmeldung tätigte, aber bereits viele Anfragen bekommen hatte, auf die sie nicht eingehen konnte, wurde sie immer wieder aufgefordert, sich anzumelden. Natürlich kann man auf einer derartigen Seite nicht viel unternehmen, wenn man nicht angemeldet ist. Der Zugang zu den Profilen der interessierten Herren ist verschlüsselt, das heißt, man kann ihr Foto nur sehen, wenn sie es freischalten und wenn man registriert ist. Das Portal spielt so mit der Neugier der User. Es gibt einem die Möglichkeit, einmal auf eine Mail zu antworten, aber dann ist ohne Registrierung auch Schluss und man wird wieder auf die Zahlseite geleitet. Aber Goldie wollte nicht noch mehr Anfragen und noch mehr Stress – bis dann endlich der Super-Schnäppchen-Preis kam, 14,95 Euro pro Monat, allerdings für ein Jahr. Goldie hätte es auch genügt, wie bei LoveScout für einen Monat dabei zu sein, um alles kennenzulernen. Aber zur Recherche für ihr Buch ging sie auf das Angebot ein und meldete sich an.

Es gab wie bei Parship wieder einen Test, ob man zusammenpasste. Goldie zahlte 179,40 Euro für ein Jahr und kündigte dann sicherheitshalber gleich wieder. Goldie teilte ElitePartner mit, dass sie nur gebucht habe, um ein Buch zu schreiben, und dass sie herausfinden wolle, wie das alles so gehandhabt werde. Schließlich erreichte sie ein Schreiben von ElitePartner, in dem man Goldie mitteilte: »Wir hoffen, dass Sie während Ihrer Premiummitgliedschaft den passenden Partner finden werden. Wenn auf Ihrem Weg dahin Fragen auftauchen, wenden Sie sich bitte jederzeit an uns. Wir helfen Ihnen gerne weiter. Beachten Sie bitte, dass Ihr Profil nach Ende Ihrer Premiummitgliedschaft nicht automatisch von unserer Plattform entfernt wird. So haben Sie im Anschluss auch weiterhin die Möglichkeit, unseren Service im Rahmen der kostenlosen Mitgliedschaft zu nutzen. Auch wenn Sie kündigen, sind Sie noch weiterhin auf unserer Plattform gelistet.«

Dann kam Goldie die Aussage des jungen Mannes wieder in den Sinn: »Bin ich hier auf einer Fake-Plattform gelandet?« Goldie schrieb ja keine Herren an, sie ließ sich nur anschreiben. Also blieben ihr die Karteileichen, hinter denen andere offensichtlich herschrieben, erspart. Denn wenn man weiterhin gelistet blieb, auch wenn man einen Partner gefunden hatte, meldete man sich natürlich nicht mehr und schrieb anderen Männern bzw. Frauen zurück. Also handelte es sich bei einer Vielzahl von Profilen auf den Plattformen um Karteileichen. Kein angenehmes Gefühl, wenn man ständig schreibt und keine Antwort bekommt. Bei Kündigung sollte man nach einer Karenzzeit von zwei Wochen automatisch aus der Datenbank gelöscht werden. Am besten, Sie entfernen Ihr Profil mit einem Klick. Das ist natürlich möglich. Sie können Ihr Profil jederzeit löschen. Das ist die beste Alternative. Wenn Sie sich noch nicht sicher sind, ob Sie nun den richtigen Partner gefunden haben, können Sie Ihr Profil auch unsichtbar machen und es dann bei Bedarf wieder freischalten. Kommen die Plattformen auf diese Weise auf ihre Werbezahlen von Millionen Mitgliedern? Bei ElitePartner sollen sich 72 Prozent Akademiker tummeln. Das hat Goldie auch feststellen können, aber die Herren gaben alle ihr Gesicht nicht frei. Man musste die Fotos anfordern. Das war nichts für Goldie. Auf der anderen Seite war es allerdings auch verständlich, denn welcher Arzt möchte seinen Patienten zeigen, dass er gerade auf der Suche nach einer Frau ist? Oder welcher Politiker zeigt jedem gerne sein Gesicht auf der Plattform? Goldie hatte feststellen müssen, dass ElitePartner ihren Ansprüchen letztlich nicht gerecht wurde. Was nützte ihr die ganze Elite, wenn man sie nicht sehen konnte? Und jeder der Herren forderte Goldies Telefonnummer an, damit er ihr die Fotos schicken konnte. Aber wie schnell kann man sich so einen Stalker einhandeln? Bitte geben Sie nicht jedem Ihre persönlichen Daten heraus. Auch ein netter Mann kann ein Stalker werden, wenn er verliebt ist.

ElitePartner für kultivierte und gebildete Singles hat 3,6 Millionen Mitglieder. Der Frauenanteil beträgt 52 Prozent und ist damit sehr hoch. Also sind die Männer unbedingt im Vorteil. Die Damen suchen ganz offenbar besonders gebildete Herren. Aber Goldie hat sich auf LoveScout weitaus wohler gefühlt. Denn Goldie suchte keinen reichen Herrn, sondern einen Mann mit Herz. Parship und ElitePartner waren ihr zu steif und zu sehr durchstrukturiert. Das war etwas für Beamte oder Frauen, die einen Arzt, Zahnarzt, Frauenarzt, Ingenieur, Architekten usw. kennenlernen wollten. Dies passte aber nicht zu der lebensfrohen, quirligen Goldie. Nach ihrer Recherche würde sie jedem LoveScout empfehlen. Da Goldie frei und unabhängig ist – sie hat bei allen Plattformen selbst bezahlt –, kann sie ihre Meinung auch frei äußern. Sie hat sich die Finger wund geschrieben – dagegen war das Schreiben des Buches eine Kleinigkeit! Sie hat die Herren getröstet, hat ihnen Mut gemacht, dass sie ihr Glück noch finden würden, auch wenn es nicht Goldie sein werde. Sie haben ihr von ihren Krankheiten berichtet, Goldie hatte ein offenes Ohr und gab wertvolle Tipps. Bescheuerte und schräge Vögel waren auch bei Parship und ElitePartner zu finden. Deshalb ist der ganz klare Sieger für Goldie LoveScout.

Grümelchen, 57, schrieb:
»Du bist aber ein Engelchen! Du bist ein herziges Kätzchen.

Guten Morgen, du Engel, und Grümelchen schickt dir ein sanftes Küsschen. Grümelchen liebt dich, du süßes Kätzchen. Schnucki, melde Dich!«

Goldie hat nicht mehr geschrieben, nur noch ein Lächeln geschickt. Da das Buch nun fertig ist, wollte Goldie sich langsam von den Partnerbörsen zurückziehen. Und Goldie wird demnächst alle ihre Aktivitäten bei den Partnerportalen einstellen. Es war eine spannende, interessante, zeitweise stressige, arbeitsreiche und lustige Zeit auf den Partnerbörsen. Sie möchte die Zeit nicht missen. Goldie hat sehr viel erlebt, hat auch sehr nette Freundschaften schließen können. Aber auch diese Ära geht langsam zu Ende. Und bis jetzt noch immer ohne die große Liebe.

Sonderbare Erlebnisse

Berichte zu irritierenden Vorkommnissen fand Goldie zufällig auf Focus online. Die Frauen berichteten, was ihnen beim Onlinedating bereits alles passiert ist. Die Suche nach dem richtigen Partner fürs Leben kann manchmal sehr unangenehm werden. Und manch einer kann gewisse Erfahrungen gar nicht so richtig nachvollziehen, es sei denn, er oder sie hat sie selbst erlebt. Aber die Suche nach dem/der Richtigen gestaltet sich manchmal doch etwas schwieriger als gedacht. So berichten auch andere Frauen.

Hanna erzählt von ihrem Date mit einem Chirurgen. Beim Mittagessen hat er ihr ungefragt Fotos von seiner letzten Operation gezeigt. Wichtig für ihn war, dass sie genau sehen konnte, wie er die Sehnen der Hand eines Sportlers wieder wunderbar zusammengeflickt hatte. Zudem analysierte er noch die Nährwerte ihres Essens. Kohlehydrate nach 16 Uhr würde er ihr nicht mehr empfehlen. Der Appetit ist ihr vergangen.

Dann ein Treffen mit Hans. Aber bei ihrem ersten Date saß ihr kein Mann gegenüber, sondern gleich ein Pärchen. Dieses hatte vor, sein Sexualleben etwas aufzupeppen, und eine gut aussehende Dame aus dem Internet gesucht.

Beim nächsten Date wollte Hanna Kaffee und Kuchen bestellen. Dann sagte der Typ doch tatsächlich zu ihr: »Nein, Hanna, du bestellst jetzt keinen Kuchen, denn du hast sowieso schon zu viel auf den Rippen!«

Dann ein Treffen mit einem Hundeliebhaber. Hanna war glücklich, einen Tierfreund gefunden zu haben, denn die sind ja eher rar gesät. Die Herren wollen ja alle reisen und haben keine Tiere. Was Hanna aber dann sah, war ein Schock für sie. Fast zwei Minuten schleckte ihm seine Hündin den Mund, den er zu einem Kussmund formte, ab. Für sie gab es kein zweites Date mehr. Wozu brauchte er eine Frau – er hatte zum Küssen ja seinen Hund! Auf einen Abschiedskuss hat Hanna dann doch lieber verzichtet.

Hanna ließ nichts unversucht und traf sich wieder mit einem Mann. Als sie ihn dann sah, konnte sie ihn kaum wiedererkennen. Als sie ihn darauf ansprach, meinte er, ja, er habe ja auch die Bilder seines Sohnes ins Netz gestellt. Er wollte nicht, dass er von irgendjemandem erkannt wird.

Hanna traf sich mit Basti. Er konnte bereits auf ihrem Foto sehen, dass sie tätowiert war. Beim ersten Treffen beschimpfte er sie als dreckig und asozial, obwohl sie sich zu Anfang wunderbar verstanden hatten. Er legte 50 Euro auf den Tisch und verschwand wortlos.

Ein weiteres Treffen mit einem Professor machte Hanna sehr zu schaffen. Der Herr hatte wohl einen arbeitsreichen Tag gehabt. Entweder hatte er sich gar nicht gewaschen oder nicht sehr gründlich. Er roch äußerst unangenehm nach Schweiß.

Ein weiterer Irrer bat Hanna, seiner 3-Minuten-Regelung zu folgen. Sie sollten sich beide an der Bar zwei Gläser mit Leitungswasser bestellen. Wenn das Glas leer sei, sollte sich Hanna auf die Toilette begeben. Sollte sie sich nach drei Minuten nicht mehr zeigen, wäre die Beziehung gescheitert – er wüsste dann, dass sie kein Interesse an ihm hätte. Beiden würden dadurch Peinlichkeiten erspart bleiben und außerdem seien Dates ja auch sehr teuer. Er müsse sie dann nicht mehr zum Essen einladen.

Eine Freundin von Goldie war ebenfalls auf der Plattform von LoveScout angemeldet. Sie war damals 60 Jahre alt und bekam Post von einem 30-jährigen, gut aussehenden Mann. Sie meinte, genau wie es Goldie immer schrieb: »Aber du bist doch viel zu jung für mich, zwischen uns liegen 30 Jahre, ich könnte deine Mutter sein!« Er antwortete ihr: »Verstehe mich nicht falsch, aber ich suche eine Herrin und kein Kind, du darfst mich auch schlagen und auspeitschen!«

Es gibt auch Herren, die von ihren Frauen gewickelt werden möchten in Verbindung mit einem Kinderfläschchen und Schnuller. Die Frau muss sie füttern und die Windeln wechseln. Kommt die Windel im Alter nicht schon früh genug? Muss dieser Vorgang bereits vorgezogen werden? Manchmal dachte Goldie: »Ach du arme, verrückte Welt!«

Es hat Goldie etwas beruhigt, dass es anderen Frauen, die sich auf den Plattformen tummeln, auch nicht an negativen Erlebnissen mangelte. Aber Goldie muss auch für die Männer sprechen: Das Gleiche erleben umgekehrt auch die Männer. Manche Frauen sind kein bisschen besser. Siehe die Brasilianerin, die sich gleich einkleiden ließ. Und als es nicht so richtig klappen wollte, wurde der Herr weggeschickt. Ein anderer Herr sollte vor dem Treffen mit einer Dame, die er auf LoveScout kennengelernt hatte, noch schnell 2 Regale zusammenbauen. Als er ablehnte, schmiss sie ihn raus. Es sind nicht immer nur die Frauen, die schlechten Männern zum Opfer fallen. Es gibt auch Herren, die ganz schön leiden und etwas aushalten müssen. Goldie kann da leider nur aus ihrer Sicht berichten. Aber sie möchte kein Erlebnis missen. Und sie möchte auch keinen der Herren auslassen. Alle haben zum Gelingen eines etwas ausgefallenen Buches beigetragen. Es waren aber nur zwei Herren dabei, die von ihrem Buchprojekt wussten. Alle anderen wurden zum Opfer einer hinterhältigen Goldie. Aber Goldie hat nicht übertrieben, sondern meistens untertrieben und einige kompromittierende Details ausgelassen. Denn die Würde des Menschen ist unantastbar.

Jojo, 54

»Liebste Goldie,

ich habe dich hier entdeckt und ich muss sagen, du gefällst mir. Es ist auch ganz wichtig: Wir beide haben 24 Gemeinsamkeiten. Das ist doch schon ein guter Start. Und vom Alter her passt es auch wunderbar. Und wenn du nun Interesse hast und dich unter den Tausenden von Kontaktanzeigen zu mir durchgewühlt hast, würde ich mich natürlich wahnsinnig über eine Nachricht von dir freuen. Bis dahin, ganz liebe Grüße, dein Jojo«

Edelweiß, 67

»Du bist nicht nur die Goldie, sondern du schaust auch goldig aus. Es wäre so schön, wenn wir uns irgendwann einmal persönlich treffen könnten. Momentan haben wir das schönste Wetter in den Bergen. Du lebst ja nur 70 Kilometer von mir entfernt. Was meinst du, Goldie?«

Goldie meinte: »Grüß dich, Edelweiß. Du hast dich für dein Alter ja noch sehr gut gehalten. Bist schlank und hast noch alle deine Haare. Aber derzeit kann ich mit dir kein Treffen ausmachen, weil meine Enkelkinder für zwei Wochen ihren Urlaub bei mir verbringen, und die möchte ich zu einem Date nicht mitnehmen. Du hast sicher Verständnis dafür.«

Das 67-jährige Edelweiß hat daraufhin nicht mehr geantwortet.

Als Goldie gerade so nett über Männer schrieb und diese verteidigte, kam diese Mail von Exempel 13:

Exempel 13

»Hey, Goldie, ich bin 27 Jahre alt. Du gefällst mir. Ich hab mal eine Frage. Hättest du Lust auf freundschaftsmäßigen Sex mit mir? Ich denke, weil wir beide Single sind, ist das doch keine schlechte Option. Es kann ja unter uns bleiben. Ich lasse dir mal ein Foto von mir zukommen.«

Goldie war irgendwie geschockt, sie befand sich ja auf keiner Sexseite, sondern auf einer Partnerschaftsbörse. Sollte sie das Schreiben der wilden 13 ignorieren oder sollte sie schauen, was er wollte und wie weit er gehen würde? Exempel 13 hatte kein Foto hinterlassen. Man wusste nicht, wer dahintersteckte. Eigentlich konnte man solche Herren sofort melden und sie wurden gelöscht. Goldie wollte aber erst einmal recherchieren, was da so auf die Menschheit losgelassen wird.

Goldie schrieb: »Wie hast du dir das denn bitte vorgestellt? Ich kenne ja noch nicht einmal dein Gesicht. Für mich bist du ein Phantom!«

Exempel 13: »Ich kann dir gerne ein Foto von mir zukommen lassen! Wir könnten uns immer dann treffen, wenn du Zeit hast!«

Goldie: »Also, schicke mir mal bitte ein Foto von dir.« Sie gab ihm eine eigens dafür angelegte E-Mail-Adresse.

Exempel 13: »Hi, Goldie, ich habe dir gerade ein Foto von mir geschickt!«

Goldie: »Arbeitest du überhaupt? Du bist ja ständig am PC, weil du immer sofort zurückschreiben kannst. Das geht ja nur, wenn man keinen Job hat.«

Exempel 13: »Ja, ich arbeite am PC!«

Goldie: »Es ist noch kein Foto von dir angekommen. Suchst du dir deine Frauen also immer im Internet?«

Exempel 13: »Ja, ich suche immer im Internet, ich möchte es halt gerne diskret. Das Foto müsste aber jetzt da sein!«

Goldie hat die vielen Fehler, die seine Nachrichten hatten, nicht hier in den Text übernommen. Kein Satz war ohne Fehler. Sie warf einen Blick auf ihren Mail-Account und konnte auf dem Foto einen gut aussehenden jungen Mann aus dem Ausland erkennen. Eigentlich hätte er keine Mühe gehabt, auf normalem Weg eine Frau kennenzulernen.

Goldie: »Dein Foto ist nun angekommen. Du hast es doch nicht nötig, jemanden im Internet zum Sex aufzufordern. Triff dich doch zuerst einmal mit einer gleichaltrigen Frau! Wenn Liebe aufkommt, klappt es auch mit dem Sex. Du bist ja so jung. Du musst dir doch keine Ältere aussuchen. Oder gehst du nach dem Motto: Auf einem älteren Fahrrad lernt man fahren? Wünsche dir einen schönen Tag.«

Exempel 13: »Dankeschön, aber mir gefällt der Sex mit älteren Damen einfach besser und du siehst super aus. Hast du Interesse?«

Goldie: »Ich habe kein Interesse! Ich wollte nur wissen, wer so etwas tut. Wo kommst du denn her? Bei mir ist die Liebe der Motor für körperlichen Sex. Und so wie du dir das wünschst, geht es bei Goldie leider gar nicht! Einen Mann, den sie nicht kennt, den sie noch nie gesehen hat, zu dem es keine Liebe gibt – da gibt es für Goldie auch keinen Sex. Und du schaust sogar sehr gut aus. Das habe ich nicht angenommen. Denn du hättest so etwas nicht nötig. Würde ich auf dein Angebot eingehen, könnte ich auch als Callgirl arbeiten. Da geht es auch ohne Liebe, und das für Bezahlung. Du bist auf der Suche nach schnellem Sex ohne Liebe und ohne Bezahlung! Nein danke, nur Sex mit Gefühlen und Liebe! Das wünsche ich dir auch. Sei etwas geduldig. Lerne zuerst einmal die Damen kennen, bevor du sie zum Sex aufforderst. Vor allem triff dich mit einem netten Mädel und lass euch beiden etwas Zeit. Alles Gute wünscht dir Goldie.

Würde mich noch freuen zu hören, wie du tatsächlich darüber denkst.«

Exempel 13: »Und wenn wir das wie als Callgirl gegen Bezahlung machen?«

Goldie: »Ich mache das nur gratis, und zwar dann, wenn ich verliebt bin! Das hast du doch gar nicht nötig. Schau doch mal in den Spiegel, lerne eine nette junge Frau kennen, die dich liebt. Dann kommt der Sex von ganz alleine. Sicher möchtest du auch mal Kinder haben. Kinder sind etwas Großartiges! Das Ganze ist sicherlich sehr aufregend. Man sollte nicht immer den einfachen Weg gehen. Du kannst das! Viel Glück dabei wünscht dir Goldie«

Goldie war doch sehr entsetzt über diese Reaktion. Am Schluss wollte der junge Mann, er war ja erst 27 Jahre alt, sogar für Sex zahlen. Er lebte nur 20 Kilometer von Goldie entfernt. Wäre es nicht für ihr Buch gewesen, hätte Goldie dem jungen Mann gar nicht geschrieben. Schade, dass es tatsächlich so viele junge Menschen mit so einem geringen Selbstwertgefühl gibt. Goldie hofft, dass sie Exempel 13 ein bisschen Wertgefühl vermitteln konnte. Mehr konnte Goldie leider nicht für den jungen Mann tun.

Goldie trifft sich wieder mit Benny

Goldie tat es sehr leid, dass sie Benny so herzlos zurückgewiesen hatte, obwohl er so nett, gut aussehend und freundlich gewesen war. Damals sagte sie zu ihm, sie möge es nicht, wenn er seinen breiten Allgäuer Dialekt spreche, den sie kaum verstehen könne. Schon als kleines Mädchen hatte Goldie auf ihren Dialekt verzichtet. Sie kam gebürtig aus dem Saarland und schon immer fand sie diesen Dialekt furchtbar. Ihre Eltern und Großeltern und Klassenkameraden sprachen Dialekt, aber die kleine Goldie ließ sich nicht beirren und sprach immer Hochdeutsch. So hat sie es auch ihren Kindern und Enkelkindern beigebracht. Und Bennys Dialekt war für sie unmöglich. Nicht falsch verstehen: Es gibt auch schöne Dialekte. Aber es gibt Dialekte, bei denen ist die Liebe gleich weg, sobald der Mann oder die Frau den Mund aufmacht. Das war damals bei Goldie in Bezug auf Benny der Fall. Also entschuldigte sie sich bei Benny und er meinte: »Gibst du mir noch eine zweite Chance? Goldie, ich dachte, du bist eine Zicke. Aber du bist ja ganz nett und im Nachhinein finde ich, dass du recht hast. Man muss gleich zu Anfang sagen, was einen am anderen stört.«

Also trafen sich Benny und Goldie an einem Samstag zu einer Rundfahrt in seinem geliebten 20 Jahre alten BMW-

Cabrio. Seines hat die Farbe Weinrot und der Schlussmacher hatte das gleiche Cabrio in Blau. Was sollen die Nachbarn denken, dachte Goldie: zuerst Cabrio blau, nun Cabrio weinrot, aber wieder ein anderer Mann! Na ja, Benny wollte Goldie ja nur zu einem Mittagessen am See einladen. An mehr hatten beide nicht gedacht. Komisch, dachte Goldie, mit diesem Benny konnte sie wirklich immer wunderbar lachen. Seinen Dialekt versuchte er ein bisschen zu unterdrücken, was ihm leider nicht sehr gut gelang. Er meinte, er sei lernfähig. Aber immer wieder hieß es »isch« und »bisch« und »wöischt« und »tuascht«, »gang I«, »will I«, »tua I«. Goldie gab aber die Hoffnung nicht auf. Benny meinte, in seinem Beruf spreche er auch immer Dialekt. Sollte sich das ändern, würden ihn alle auslachen. »Wir sind ja im Allgäu«, sagte Goldie, und sie müsse akzeptieren, dass die Menschen ihre eigene Sprache sprechen. Aber bei ihrem Partner musste sie das nicht akzeptieren. Der Tag mit Benny war sehr schön, sie konnte immer wieder spüren, wie er ihre Hand nehmen wollte, aber Goldie zog die Hand immer wieder zurück und ließ keine Gefühle zu. Alles, was Goldie auf den Partnerbörsen erlebt hatte, bekam sie aus ihrem Kopf so schnell nicht mehr heraus. Sie bat Benny um Zeit. Aber Benny war einer der wenigen Männer, die ihr Katerchen liebten. Das war für Goldie sehr, sehr wichtig.

Dann meinte Benny: »Wir fahren gerade an meiner Wohnung vorbei, die möchte ich dir einmal zeigen – wäre das in Ordnung für dich?« Goldie meinte: »Wenn du mir nichts tust, gehe ich mit.« Goldie hat alles erwartet, aber nicht das, was sie dann sah. Die Wohnung war so aufgeräumt, so etwas hatte Goldie noch nie erlebt. Genau wie bei ihrer pingeligen Mutter. Alles war stäubchenfrei. Es stand und lag nichts herum. Die Fensterscheiben waren frisch geputzt, nicht wie bei Goldie. Sie wartete nämlich, bis in ca. zwei Monaten neue Fenster eingebaut werden sollten. Goldie sagte zu Benny: »Wow, hast du gut aufgeräumt oder hattest du eine Putzfrau, nur um mich zu beeindrucken?« Benny meinte: »Nein! Goldie, so sieht es immer bei mir aus. Meine Schwester sagt immer zu mir: ›Sei bei deiner nächsten Freundin nicht so pingelig, sonst läuft sie dir wieder davon.‹« Aber Goldie war von der Sauberkeit in seiner Wohnung begeistert.

Dann lud Goldie Benny wieder zu sich ein. Er kam mit einer weißen Rose und es war ein schöner, entspannter Abend unter Freunden. Benny tat Goldie gut, sie konnten sich sehr gut unterhalten und viel miteinander lachen. Aber dann fing Benny an zu stänkern: »Goldie«, sagte er, »du musst mal besser Staub wischen – über deinen Türrahmen habe ich Staub gesehen. Und da ist ein kleines Spinnennetz an der Decke!« Ist der bescheuert, dachte Goldie und sagte: »Benny, ich liebe Spinnen, ich habe in Afrika gelebt. Spinnen kommen nur in Wohnungen mit einem guten Raumklima vor und wenn ich eine Spinne entferne, dann nehme ich diese in meine Hand und setze sie behutsam ins Freie. Spinnen sind sehr gut für uns, sie fangen Mücken und Ungeziefer und fressen es auf.« Goldie hatte ja keine giftigen Spinnen im Haus. Dann sagte er: »Bitte, gib mir deinen Staubsauger, ich werde heute ausnahmsweise bei dir die Wohnung saugen.« Sicher dachte er auch an die Spinne an der Decke. Auch Goldies Katerchen hatte ein paar Fellhaare verloren. Und tatsächlich: Benny saugte eine halbe Stunde. Und danach war er total glücklich. Sein Gesicht strahlte wie das von einem Kind unterm Weihnachtsbaum. Er war tatsächlich ein Putzneurotiker.

Goldie hat sich noch öfters mit Benny getroffen. Sie konnten immer viel zusammen lachen. Aber bei jedem Treffen wurde er mutiger und frecher. Anstatt wie die anderen Herren Blumen oder Süßigkeiten mitzubringen, kam Benny mit Reinigungsmitteln, Lappen, Schwämmen, Halterungen für Handtücher oder Feststellern für die Tischdecke, damit diese nicht wegrutschen konnte. Sollte so Goldies Leben aussehen? Einen putzwütigen Mann als Partner? Hatte er nichts Besseres zu tun? Das musste sich Goldie noch gut überlegen! Außerdem hatte er Goldies Handtasche kritisiert. Was wissen Männer denn schon über Handtaschen. Er meinte: »Goldie, meinst du nicht, du solltest dir mal eine neue, anständige Handtasche kaufen?« »Wieso?«, fragte sie nach. Er antwortete: »Du hast keine Ledertasche, das wäre wohl das Mindeste!« Goldie sagte: »Da sieht man, dass du gar keine Ahnung von Frauentaschen hast. Denn die dürfen nicht so viel wiegen, weil die Frauen bereits 3–5 Kilo Gewicht in ihren Handtaschen herumschleppen. Wiegt die Tasche bereits im leeren Zustand 3 Kilo, dann schleppen die Frauen bis zu 7 Kilo und mehr mit sich herum. Außerdem muss eine Handtasche ganz viele Fächer haben, damit die Frauen ihre Sachen gleich wiederfinden können.« Goldie hatte schon seit 20 Jahren schwarze Stofftaschen mit vielen Reißverschlüssen und Fächern. Noch niemand hatte bis dato ihre Handtasche kritisiert, außer Benny, und das hat Goldie sehr verletzt. Goldie hatte auch Ledertaschen, aber die waren ihr zu schwer. Und außerdem musste kein Tier mehr seine Haut für ihre Tasche lassen. Komischerweise ging ihre Lieblingstasche drei Tage nach Bennys Kritik kaputt. Aber Goldie hat sich wieder eine neue Stofftasche gekauft. Was Goldie an Benny störte, war, dass er ständig ihre Fernbedienung nahm und Sportsendungen schaute. Am Mittag, am Abend, eigentlich immer, sobald er bei Goldie war. Und dann musste er angeblich nach Hause fahren, um seine Wäsche zu machen und zu putzen. Goldie meinte: »Du kannst die ganze Woche putzen und waschen. Ich bin sicher, du fährst nach Hause, um Sky Sport anzuschauen!« Benny bekam ganz rote Wangen und gab zu, dass Goldie ihn durchschaut hatte, denn er musste noch unbedingt ein wichtiges Fußballspiel oder Autorennen oder sonst etwas anschauen. Eigentlich war er eine Couch Potato, die nicht gerne zu Fuß ging, aber den anderen gerne zuschaute, wie sie sich beim Sport müde machten.

Also noch immer kein Happy End? Goldie meinte, der Mann, der zu ihr passte, musste scheinbar erst noch gebacken werden. Bis jetzt waren ihr bei den Herren noch nicht viele Gemeinsamkeiten aufgefallen. Und dieses Mal würde Goldie auf Gemeinsamkeiten achten, denn die waren ihr sehr wichtig. Vor allem achtete sie darauf, dass ein Mann empathisch und gefühlvoll war. Das vermisste sie bei den meisten Herren. Fast alle versuchten nur, ihre eigenen Bedürfnisse zu befriedigen.

Goldie hat sich dann von Benny getrennt. Allein der Gedanke, dass sie fortan nur noch Sport schauen müsste und mit Putztüchern unterwegs sein würde, hatte ihr schlaflose Nächte bereitet. Denn Goldies Wohnung war ja nicht schmutzig. Aber Benny achtete aufs Detail. Fenster, Fensterbänke, Türrahmen, Pflanzen etc. Jedes Mal, wenn Benny sich ankündigte, musste Goldie noch mehr Arbeitsstunden investieren als sonst üblich. Jedes Wochenende war für Goldie sehr stressig. Und das für ein bisschen Cabriofahren? Wenn dann der Meister-Proper-Glanz zu sehen war, strahlte Benny! Und ihre Arbeitstage waren doch wegen der Pension bereits sehr ausgefüllt mit Arbeit. Denn sie putzte ja ihre Wohnungen alle selbst und beschäftigte kein Personal. Und nebenher schrieb Goldie auch noch Bücher. Außerdem war Benny schon seit sieben Jahren getrennt lebend, aber nicht geschieden. Er wollte sich auch nicht scheiden lassen. Und ein verheirateter Mann war für Goldie nicht der Richtige. Ein Mann musste einfach wissen, was er wollte, und sollte nicht auf zwei Hochzeiten tanzen.

Der Nette, 54

Er kam aus München. Und Goldie nannte ihn den Netten, weil er von Anfang an wirklich sehr sympathisch war und wirklich sehr nette Briefe schreiben konnte:

»Liebe Goldie, ich finde, dass du für dein Alter umwerfend aussiehst. Keine Falten, eine glatte, makellose Haut wie eine 30-Jährige. Ich mag auch sehr gerne zuverlässige, treue Menschen, mit denen man Spaß haben kann. Aber du schaust so ernst auf deinem Profil, dir würde ein Lächeln besser stehen. Reisen tue ich auch sehr gerne, genau wie du. Ich schaue mir auch gerne fremde Länder und deren Kulturen an. Auch in Deutschland und in Europa gibt es noch sehr viel zu entdecken. Und du schreibst auf deinem Profil, dass du noch sehr lange arbeiten magst. Dann muss dir deine Arbeit ja sehr viel Freude machen. Außerdem haben wir sehr viele gemeinsame Interessen und ich würde mich riesig freuen, wenn du mir schreiben würdest.«

Goldie schrieb zurück: »Du machst einen sehr netten Eindruck. Also, ich lache gerne und viel und habe noch alle meine eigenen Zähne, auch wenn ich diese auf dem Foto nicht zeige. Auf Fotos schaue ich grundsätzlich immer ernst. Außerdem waren es Selfies. Ich musste mich auf das Fotografieren konzentrieren. Danke für deine netten Worte. Ich gehe nicht sehr viel in die pralle

Sonne, um meine Haut zu schonen. Und außerdem war ich Fotomodell für ca. 10 Jahre. Ich habe mich nie vorgestellt, um Fotomodell zu werden. In Südafrika sahen die Fotografen mich auf der Straße und sprachen mich an. Sie haben mich auch als Miss Südafrika angemeldet. Damals wurde ich auch Miss Südafrika, aber dann wurde ich disqualifiziert, weil ich meinen deutschen Pass nicht abgeben wollte. Ein bisschen von der Optik sollte ja noch vorhanden sein. Ich wünsche dir noch eine wunderschöne Woche, Goldie«

»So, Goldie, schön, dass du mir geschrieben hast. Ich glaube dir auch, dass du ein lustiger Mensch bist. Und ich dachte mir schon gleich, dass du etwas Besonderes bist. Ich hätte ja auch nie gedacht, dass mir eine ältere Frau so gut gefallen kann. Du stellst die jüngeren Damen tatsächlich in den Schatten. Vielleicht mache ich mal Urlaub bei dir im Allgäu oder wir treffen uns einmal auf einen Kaffee, wenn du magst! Heißt du mit richtigem Namen auch Goldie? Es ist ein schöner Name. Ich tanze gerne und gehe auch gerne mal zum Essen oder ich treffe mich mit Freunden.«

Der Nette und Goldie schrieben sich über einen längeren Zeitraum, aber es kam nicht gleich zu einem Treffen. Dann, zwei Monate später, Goldie hatte sich bereits von Benny getrennt, traf sie sich mit dem Netten. Und er war wirklich sehr, sehr nett. Vor allem hatte er wunderschöne blaue Augen, obwohl er in seinem Profil versehentlich »grün-braun« geschrieben hatte. Deshalb war Goldie auch so positiv überrascht. Natürlich passiert beim ersten Treffen nichts. Man unterhält sich. Dann schreibt man sich wieder und fragt, ob man sich wieder treffen möchte oder nicht. Goldie und der Nette wollten sich wieder treffen. Und Goldie freute sich darauf.

Seine erste Mail nach dem Treffen sah so aus: »Danke, Goldie, für das Treffen. Du bist wirklich eine ganz Liebe und es war ein richtig schöner Nachmittag mit dir. Ich möchte dich gerne wiedersehen!«

Drei Wochen später lud Goldie den Netten aus München zu sich nach Hause ein. Sie führten sehr schöne und interessante Gespräche und Goldie musste feststellen, dass sie wirklich viele Gemeinsamkeiten hatten, wie es der Nette anfangs schon festgestellt hatte. Was an dem Netten wirklich super war: Er grapschte nie an Goldie herum, wie es alle anderen zuvor getan hatten. Immer hatte er sich unter Kontrolle. Kein Fummeln, keine Anspielungen, kein Händchenhalten. Er blieb immer auf Distanz. Bei ihm musste Goldie keine sofortige Entscheidung treffen, wie es schon einige Herren zuvor verlangt hatten. Alle fingen an zu fummeln und jeder wollte beim ersten Treffen gleich mit ihr ins Bett. Die wenigsten gaben ihr die Chance, sie tatsächlich kennenzulernen. Und diese Geschwindigkeit hatte Goldie jedes Mal total überfordert und erschreckt. Dieses Mal konnte sie es langsam angehen lassen. Und genau so sollte es sein. Man muss sich langsam näherkommen und nicht zuerst ins Bett steigen und sich dann anschließend kennenlernen. Der Nette und Goldie erzählten sich so lange Geschichten aus ihrem Leben, dass es schon sehr spät war. Goldie bot ihm an, im Gästezimmer zu übernachten. Er war einverstanden – und auch dieses Mal passierte nichts. Und Goldie war tatsächlich glücklich, dass dieser Mann seine Gefühle so sehr im Griff hatte und nicht wie alle anderen über sie herfallen wollte. Der Nette war auch 25 Jahre in einer Beziehung gewesen. Die anderen Herren waren meistens bereits zum zweiten Mal geschieden und auch nur kurz verheiratet gewesen. Manche waren sogar noch verheiratet. Aber ein verheirateter Mann kam für Goldie nicht infrage, mochte er noch sooft beteuern, getrennt zu sein. War das auch immer wirklich der Fall? Oder suchten diese Herren nur eine kurze Auszeit von der Beziehung, ein Sexabenteuer?

Es gab sie also noch, die netten Männer. Goldie und der Nette trennten sich mit den Worten: »Bis zum nächsten Mal.«

Sollte etwas Gutes dabei herauskommen, wird Goldie noch darüber berichten. Es sei denn, es dauert bis zum nächsten Treffen wieder zwei Monate. Dann müsste das Buch bereits in den Druck gehen. So viel kann Goldie schon sagen: Sie hat sich nach dem Netten mit keinem anderen Herrn mehr getroffen.

Was man beim Online-dating nicht tun sollte

Goldie kann nun nach einigen Monaten und den ganzen Erfahrungen auf den Partnerbörsen ihren Lesern einiges mit auf den Weg geben.

Laden Sie Ihren Verehrer niemals zu sich nach Hause ein. Und geben Sie auch nicht zu schnell Ihre Telefonnummer heraus. Hat der Herr mal Ihre Telefonnummer, dann hat er auch gleich Ihre Adresse. Denn man muss online nur die Telefonnummer eingeben und bekommt dann gleich die ganze Adresse mitgeliefert. Glauben Sie nicht alles, was er im Internet über sich geschrieben hat. Erwarten Sie nicht zu viel von der Optik, denn die Fotos sind meistens veraltet. Lassen Sie sich bitte ein aktuelles Foto schicken, bevor Sie sich treffen. Es sei denn, Sie möchten eine Überraschung erleben.

Goldie fiel auf, dass sie von allen Herren gegoogelt wurde, sobald sie erst mal ihren richtigen Namen wussten. Goldie hatte sich für die Zeit auf den Partnerbörsen eine kostenlose neue E-Mail-Adresse zugelegt und natürlich nannte sie sich nur noch Goldie. Ihr richtiger Name war ab sofort für alle tabu. Am Anfang gab sie ihre tatsächliche E-Mail-Adresse frei, dann besichtigten die Herren meist gleich schon ihre Homepage und kannten ihre Lebensumstände.

Lesen Sie das Inserat der Herren sehr gut durch. Am besten mehrmals. Wenn da steht: »Ich bin leidenschaftlich« und bei Filmen »Sexfilme« oder es tauchen Interessen wie »Damenstrümpfe« oder »Nylons« auf, dann können Sie sich vorstellen, dass der betreffende Herr gleich zur Sache kommen möchte. Zumindest war das Goldies Erfahrung. Ein leidenschaftlicher Mann ist ja etwas Positives. Aber nicht, wenn er Sie besucht und schon am ersten Tag über Sie herfallen will.

Treffen Sie sich mit den Herren nur in einem öffentlichen Lokal, Restaurant oder in einem Café. Steigen Sie niemals in das Auto des Unbekannten ein; anders ist das natürlich, wenn Sie ihn bereits länger kennen und ihm vertrauen können. Zu einem Fremden ins Auto zu steigen, ist die gefährlichste Variante. Denn dann sind Sie ihm ausgeliefert. Wenn Goldie die Herren zu sich einlud, gab sie ihrer Freundin vorher jedes Mal den Namen des Mannes und ein Foto und bemerkte dazu auch, von welchem Datingportal er kam. Wenn er dann meinte: »Goldie, ist das nicht zu gefährlich, was du hier tust, fremde Männer zu dir nach Hause einzuladen!«, dann erklärte sie ihm gleich, dass ihre Freundin eingeweiht sei. Diese rief während des Treffens an und fragte, ob alles in Ordnung sei. Hätte Goldie nicht für ein Buch recherchiert, wäre sie das Risiko eines Treffens in ihrem Zuhause niemals eingegangen. Also bitte nicht nachmachen, denn es gibt so viele Verrückte auf dieser Welt!

Man kann tatsächlich den Mann seiner Träume auf Datingportalen kennenlernen. Allerdings ist es recht mühsam und erfordert – wie alles im Leben – viel Arbeit und vor allem viel Fingerspitzengefühl und Durchhaltevermögen. Hat man dem richtigen Mann einen Korb gegeben und den falschen Mann behalten? Das sind alles Dinge, die sich erst im Nachhinein zeigen. Was aber allen Damen und Herren gleichzeitig passiert ist: Die meisten Fotos sind nicht mehr aktuell. In der Regel stellen viele Fotos aus der Jugend ein oder Fotos, die bereits 10–15 Jahre alt sind. Machen Sie das auf keinen Fall. Ihr neuer Partner soll Sie so lieben oder kennenlernen, wie Sie tatsächlich aussehen. Und außerdem kommt die Wahrheit ohnehin ans Licht, spätestens beim ersten Date. Auch wenn Sie etwas übergewichtig sind: Tragen Sie Ihr tatsächliches Gewicht in Ihrem Profil ein. Es gibt auch Herren, die suchen keinen »Hungerhaken«. Solche Fehler wollte Goldie vermeiden und machte neue Fotos, bevor sie ein Bild von sich einstellte. Aber alle Herren sagten: »Goldie, du bist die einzige Frau, die ich hier kennengelernt habe, die auf den Fotos und in der Realität gleich aussieht. Ich kann dir gar nicht sagen, was ich bereits alles mit anderen Damen erlebt habe!«

Goldie wurde auch beschimpft, wenn sie nicht jedem Herrn gleich antwortete. Aber bei 40–60 Anfragen am Tag war das einfach nicht immer möglich. Es sei denn, man stellte noch eine Mitarbeiterin ein. Ohne die Seiten aufzumachen, sortierte Goldie bereits Herren aus. Zum Beispiel, wenn das Alter bereits bei 75 oder 80 Jahren lag. Diese Herren waren etwas für Erbschleicherinnen und zu denen gehörte Goldie ebenso wenig wie die meisten Leserinnen. Wir verdienen unser eigenes Geld. Meistens war es auch offensichtlich, dass der Herr dann nur noch eine Betreuerin benötigte oder mit Geld und Sicherheit prahlte. Scheinbar wollen manche Herren tatsächlich ausgenutzt werden.

Aber Sie und Goldie, Sie suchen ja die große Liebe und keinen Pflegefall oder Sugardaddy. Auch wenn der 80-jährige Herr sein Alter als Lebenserfahrung auslegt. Lebenserfahrung haben Sie selbst. Spätestens wenn Sie durch die harte Schule der Datingportale gegangen sind. Hier lernen Sie alles kennen – Spinner, nette, freundliche, mürrische, ungepflegte oder sehr gepflegte Männer, Märchenerzähler, dicke, dünne, böse, intelligente und dumme Herren, Schlamper, pingelige und auch unfreundliche Menschen. Männer, mit denen Sie gerne noch mehr Zeit verbringen würden, oder Herren, bei denen Sie sich freuen, wenn sie sich gleich wieder verabschieden können. Und die meisten Herren mogeln bei der Größe und dem Alter. Meistens sind die Herren der Schöpfung kleiner als angegeben. Vor allem, wenn sie nur 1,70 m groß sind. Einen der Herren hat Goldie gemessen, weil sie meinte: »Du bist viel kleiner als angegeben!« Er stritt es zwar ab, aber das Metermaß ließ sich nicht manipulieren und er musste eingestehen, dass er tatsächlich kleiner sei – aber diese Größe stehe in seinem Pass, meinte er. Natürlich steht die Größe im Ausweis, aber im Alter wird man leider auch etwas kleiner.

Der einzige Mann, der auf seiner Seite nicht geschwindelt hatte, war tatsächlich Benny. Das Foto war aktuell, er liebte es, mit seinem offenen Cabrio unterwegs zu sein. Er hatte zwei Pferde. Bei ihm war alles wie angegeben. Nur hatte er vergessen zu schreiben: »Ich suche die perfekte Frau, die bereits am Morgen mit dem Staubsauger und dem Staubwedel unterwegs ist.« Goldie hatte noch nie zuvor einen Mann gesehen, dessen Augen so strahlten, als der Staubsauger anging. Jedes Stäubchen musste beseitigt werden. Das war auch für die pingelige Goldie zu viel des Guten!

Und der Nette aus München hatte auch in allen Punkten die Wahrheit gesagt.

Geben Sie nicht auf, denn auf jeden Topf passt tatsächlich ein Deckel. Bereits beim Küssen kann man spüren, ob man zusammenpasst. Ist in dem Kuss keine Leidenschaft, wird es auch im Leben mit diesem Herrn genauso leidenschaftslos weitergehen. Goldie hat viele gute Freundschaften geschlossen. Und mal sehen, wie die Treffen mit dem Netten weiter verlaufen. Aber den Traummann, es gibt ihn irgendwo. Nur wo und wann sie sich begegnen, das steht noch nicht fest. Es steht in den Sternen. Er wird aber irgendwann auftauchen. Sicher dann, wenn Sie mit dem Suchen aufgehört haben. Liebe und Glück kann man nicht erzwingen.

Einen Prinzen oder den Traummann muss man auch nicht in fünf Monaten finden. Aber »Traummann« bedeutet ja auch: So sieht der Mann in Ihren Träumen

M. Zacharias
2016

aus. Es muss ihn aber nicht geben. Goldie wird sich da sicher noch ein wenig gedulden müssen. Wäre Goldie noch 25 Jahre jünger, hätte es sicher schneller geklappt, einen neuen Partner zu finden. Die Lebenserfahrung lässt einen seltsamerweise kritischer werden. Man ist immer auf der Suche nach dem perfekten Partner. Aber den perfekten Partner gibt es leider nicht. Man ist ja selbst nicht perfekt und muss Abstriche machen oder alleine bleiben. Goldie ist zu sauber und zu pingelig. Ein anderer mag vielleicht saubere Frauen und eine Frau wie Goldie, die sich bis zu 25-mal am Tag die Hände wäscht und die nur ungern Einkaufswagen anfasst. Oder die nicht gerne Menschen die Hand gibt, die sie nicht kennt. Goldie hat immer Angst, die haben sich die Hände nicht gewaschen, verbreiten Schmutz und Keime. Der nächste ist genervt, wenn Goldie sich zweimal am Tag duscht und so oft die Hände wäscht. Aber es kann genauso ein Mann in ihr Leben kommen, der auf körperliche Sauberkeit großen Wert legt, und sie ergänzen sich dann wunderbar. Goldies Partner war immer körperlich sehr sauber – und das muss auch sein. Goldie mag auch keinen Mann, der übermäßig trinkt und raucht. Der Mann soll einen frischen Atem haben und nicht aus dem Mund nach Rauch oder Alkohol riechen. So wird die Auswahl natürlich auch wieder kleiner. Außerdem ist man nach enttäuschten Partnerschaften und einem selbstständigen Leben nicht mehr so schnell bereit, sich für etwas Neues zu öffnen. Man möchte sich nicht mehr zu sehr anpassen. Und Goldie hat ihre Prinzipien: Niemand zieht bei ihr ein! Sie sucht nur eine Beziehung von freitags bis sonntags und für gemeinsame Urlaube. Keinen schlecht gelaunten Mann unter der Woche, ist ihre Devise! Da ist es natürlich auch sehr schwer, ein Pendant zu finden, einen Mann, der genauso denkt. Man wird auch schnell überfordert, wenn man ganz plötzlich so viele Männer sieht, als wenn man beim Versandhandel eine Bluse kaufen möchte. Man sieht plötzlich vor lauter Wald keine Bäume mehr. Man wird einfach überrollt. An manchen Tagen wollte Goldie nicht mehr an ihren PC. Sie wollte keine Anfragen mehr erhalten, wollte niemandem mehr schreiben. Sie wollte nur noch ihre Ruhe haben und hat das Ganze nur noch wegen ihres Buchprojektes aufrechterhalten.

Die meisten Herren wollten gleich bei Goldie einziehen. Das wollte Goldie aber nicht. Vielleicht wäre die Liebe mal bei einem Herrn so groß geworden, dass man es sich hätte überlegen können, ob man doch zusammenzieht. Aber Goldie ist der Meinung, man muss sich zuerst einmal richtig kennenlernen. Denn am Anfang haben alle ihre rosarote Brille auf und man schaut über vieles hinweg. Wird der ebenfalls pingelige Benny ihr Traummann – oder passt pingelig und pingelig nicht zusammen? Das Buchprojekt wird in zwei Monaten beendet sein, vielleicht kann Goldie Ihnen dann noch mehr über ihre neue Situation berichten.

Einen Monat später. Nein, Benny und Goldie passen nicht zusammen. Goldie hat sich getrennt, aber nicht, weil es einen anderen gab. Pingelig und pingelig geht eben offenbar auch nicht zusammen. Die ständigen Putzorgien, bevor Benny zu Besuch kam, und das neben all ihrer Arbeit, waren ihr doch zu stressig. Ihre Wohnung war ja immer sauber. Aber manchmal hatte ihre Katze etwas Katzenstreu durchs Haus getragen und Goldie rannte dann nicht jedes Mal zum Staubsauger. Und jeder, der einen Stubentiger hat, weiß, dass man stündlich hinter einer Katze herputzen müsste. Es heißt ja auch in einem Sprichwort: »Alles für die Katz!« Goldie war jedes Mal ausgelaugt, wenn Benny seinen Besuch ankündigte. Das hieß, wieder einen erneuten Großputz einlegen. Goldie war anschließend jedes Mal gefrustet. Benny strahlte und Goldie war kaputt. Dann noch ein leckeres Mittag- und Abendessen kochen, wieder putzen, immer top gekleidet sein. Denn schöne Kleidung war für Benny sehr wichtig.

Aber bitte, lassen Sie sich die Partnersuche auf Partnerportalen auf keinen Fall vermiesen, denn Goldie hat auch sehr viele nette und ungewöhnliche Männer kennengelernt, mit denen sie zwar keine Beziehung eingehen würde, die aber ihr Leben um einiges bereichert haben – im Positiven wie im Negativen. Diese Erfahrungen haben ihr aber auch wieder gezeigt, dass alle Menschen ihre eigenen Vorzüge und auch Nachteile besitzen, dass niemand perfekt ist. Man muss nur die richtige Ergänzung finden. Gleich und Gleich gesellt sich gerne. Das sucht Goldie. Gegensätze ziehen sich an –

das hatte sie schon oft genug im Leben. Das führte bei Goldie immer zu einer übermäßigen Rücksichtnahme. Goldie hat sich immer angepasst, sodass es dem Mann gut ging. Damit muss nun Schluss sein. Goldie möchte einen Partner mit gleichen Interessen und einen Mann mit viel Gefühl. Alle schrieben, sie seien romantisch, aber davon hatte Goldie nur sehr wenig mitbekommen. Auch Benny schrieb, er sei sehr romantisch. Goldie suchte immer wieder nach seiner Romantik, konnte aber keine finden. Denn bei Goldie hörte die Romantik bei Putzlappen und Scheuertüchern leider auf. Unter Romantik verstand sie etwas ganz anderes. Romantik ist ein Gefühl, das man durch Gesten, Handlungen und Worte erzeugen und ausdrücken kann.

Ein einziges Mal dachte Goldie, das wäre genau der Mann, der ihr gefiele. Sie sah ihn bei LoveScout. Er schrieb in seinem Profil, er sei spirituell. Dabei hatte er einen wunderschönen Schäferhund an seiner Seite. Er hatte etwas Liebes an sich, strahlte sehr viel Positives aus und hatte das gewisse Etwas. Es war das erste Mal, dass Goldie einen Mann auf den Partnerbörsen anschrieb. Sonst ließ sich Goldie immer anschreiben. Sie schrieb ihm: »Du machst einen sehr netten Eindruck.« Er schrieb ihr zurück und entschuldigte sich, aber er habe gerade vor ein paar Tagen jemanden kennengelernt. Und er wünsche Goldie alles erdenklich Gute bei ihrer weiteren Partnersuche. Schade, dieser Mann hätte auch bei Goldie einziehen dürfen. Er war einer der wenigen Herren, die mit 54 Jahren noch Haare auf dem Kopf hatten und nicht dick waren. Seine Augen waren so wunderschön blau wie zwei große, leuchtende Sterne und außerdem war er sehr groß. Er sagte, er könne gut kochen – mal einer, der eine Frau auch bekochen würde. Man soll niemals nie sagen. Und vielleicht kommt mal wieder so einer auf Goldie zu. Goldie würde ihn sicher nicht wegschicken. Aber nun geht das Buch leider ohne Happy End dem Ende entgegen. Es sei denn, der Nette und Goldie haben eine Chance. Er hat wunderschöne blaue Augen, ist groß und schlank, hat schöne Haare. Und er ist sehr fleißig.

Vielleicht sollte man seine Ansprüche ein wenig herabschrauben. Vor allem muss man zuerst seine Vergangenheit bewältigen. Wenn einem der vorherige Partner noch im Kopf herumschwirrt, ist man noch nicht bereit und frei für eine neue Beziehung. Es gibt nicht nur Frauen, die viel Schlimmes erlebt haben, sondern auch Männer. Bennys Frau war Alkoholikerin und seine Seele hatte noch viel aufzuarbeiten und zu bewältigen. Seine Seele war voller Narben. Solange das bei ihm nicht passiert ist, wird er nicht reif sein für eine neue Beziehung. Wir alle haben unsere Päckchen zu tragen und Rückschläge zu verarbeiten. Die Seele ist etwas ganz Fragiles. Sie muss zuerst heilen, um wieder neu lieben zu lernen. Wurde das Herz verletzt, dauert es immer seine Zeit, bis die Wunden verheilt sind. Vorher ist keine Beziehung möglich. Lassen Sie die Zeit für sich arbeiten. Denn Zeit heilt alle Wunden. Und das ist wichtig. Und nehmen Sie, liebe Leserinnen und Leser, nicht weniger als das, was Sie wirklich verdient haben. Jeder Mensch hat ein Anrecht auf Glück.

Zuerst dachte Goldie: Nein, das geht nicht, man kann doch nicht immer die Menschen wegschicken und so verletzen. Aber es hilft nichts: Das muss man sogar. Wenn Sie nicht auf der gleichen Wellenlänge sind, hat das Ganze keinen Zweck. Und je länger wir an einer unguten Sache festhalten, umso schwieriger wird es, sich zu trennen, und umso schmerzhafter wird eine Trennung. Also trennen Sie sich lieber gleich, bevor es zu schwer wird.

Bei jedem Mann, den Goldie getroffen hat, dachte sie, er sei der Richtige. Aber leider war die Wirklichkeit zu oft sehr weit von den Fotos entfernt. Es wird gelogen und geschummelt, dass sich die Balken biegen. Aber auf beiden Seiten. Goldie sucht keinen reichen Mann. Goldie möchte einen netten Mann. Jemanden, der Ruhe ausstrahlt, und keinen Hektiker. Er muss nicht studiert haben und auch nicht reich sein. Der Mann ihrer Träume sollte lieben können und empathisch sein. Empathie ist eine sehr wichtige Eigenschaft. Und gerade diese Empathie hat sie bei den meisten Herren vermisst.

Schlusswort

Es gibt eine wunderschöne Aussage des Dalai Lama. Als man ihn fragte, was ihn am meisten an der Menschheit verwunderte, da antwortete er: »Der Mensch! Er opfert seine Gesundheit, um Geld zu verdienen. Wenn er es hat, opfert er es, um seine Gesundheit zurückzuerlangen. Und er ist so auf die Zukunft fixiert, dass er die Gegenwart nicht genießt. Das Ergebnis ist, dass er weder in der Gegenwart noch in der Zukunft lebt. Er lebt, als würde er nie sterben, und schließlich stirbt er, ohne jemals richtig gelebt zu haben.«

Das sind Worte eines sehr weisen Mannes. Das Gleiche kann man über die Liebe sagen. Leben Sie in der Gegenwart? Wenn wir die Liebe gefunden haben, sind wir am Anfang glücklich und sehr bemüht. Aber dann gewöhnen wir uns an den Zustand, an die große Liebe. Wir bemühen uns nicht mehr. Liebe zu erhalten ist mit sehr viel Arbeit verbunden. Das Erhalten der Liebe ist schwieriger als das Kennenlernen. Und bevor wir uns trennen, sollten wir uns tatsächlich fragen: Haben wir alles getan für diese Liebe? Dieses Gottesgeschenk? Bevor wir uns von unserem langjährigen Partner trennen, sollten wir sicher sein: Haben wir tatsächlich alles gegeben, um diese Liebe zu erhalten? Denken Sie an die Zeit, als Sie sich kennenlernten! Und denken Sie an die Konsequenzen Ihres Handelns. Sollten wir nicht manchmal die Uhr auf Neuanfang stellen, bevor wir so eine schwerwiegende Entscheidung wie eine Trennung in Erwägung ziehen? Haben wir unserer Beziehung eine Chance gegeben? Wir leben heute in einer Wegwerfgesellschaft. Wir werfen auch Beziehungen und Freundschaften viel zu schnell weg, ohne groß darüber nachzudenken. Goldie schreibt dies in ihrem Buch, weil tatsächlich nicht alles Gold ist, was glänzt. Goldie musste auch feststellen, dass ganz viele Nieten auf den Partnerbörsen unterwegs sind und vieles mit Vorsicht zu genießen ist. Wäre es so einfach, hätte die pflegeleichte Goldie bereits ihren Traummann auf einer der Partnerbörsen gefunden. Aber Liebe ist nicht einfach.

Goldie trifft sich nun mit dem Netten aus München. Sie muss sehen, was daraus wird, denn sie lernen sich gerade erst kennen. Was Goldie besonders an ihm schätzt: Er hat zu keiner Zeit angefangen zu grapschen. Und er hat nie versucht, Goldie ins Bett zu bekommen. Und genau so muss es sein. Liebe muss wachsen. Es gibt sie, die berühmte Liebe auf den ersten Blick. Aber das Feuer kann genauso schnell wieder ausgehen. Deshalb sollte man immer alles langsam angehen und ganz genau prüfen, ob man zusammenpasst.

Abschied ist ein ganz wichtiger Bestandteil unseres Lebens. Irgendwann werden wir erwachsen und gehen aus dem Haus. Wir nehmen uns eine eigene Wohnung, wir werden selbstständig. Dann müssen wir uns von lieben Menschen, zum Beispiel von unseren Großeltern oder Eltern trennen, weil sie auf die andere Seite gehen. Immer gibt es Schmerz, Trauer und Abschied in unserem Leben. Und Abschied tut furchtbar weh. Goldie musste sich in ihrem Leben von so vielen Menschen verabschieden.

Aber es gibt auch den emotionalen Abschied, die Trennung in einer Beziehung. Menschen, die so gar nicht zusammenpassen, quälen sich oft bis ans Lebensende durch ihre Beziehungen. Vielen Menschen gelingt es nicht, eine Entscheidung zu treffen. Lieber leiden sie. Ihre Argumente sind die Kinder, das Geld, das Haus, die Religion, die Familie, die Arbeit und die Gewohnheit. Sie haben Angst vor einem neuen Lebensabschnitt. Aber wir sind nicht auserwählt, damit wir ein Leben lang unglücklich sind und leiden! Wir haben einen freien Willen. Sie dürfen niemals mit einem Menschen zusammen sein, der Sie schlägt oder seelisch misshandelt. Der Ihre Talente unterdrückt und Sie am liebsten einsperrt, damit Sie mit anderen Menschen nicht zusammenkommen, weil er eifersüchtig ist. Es ist die eigene Unsicherheit, wenn so etwas geschieht. Treffen Sie eine Entscheidung, denn Sie haben ein besseres Leben verdient. Leben auf diesem Planeten bedeutet auch zu lernen. Sie sollten aber nicht lernen, wie man einen Menschen schlecht behandelt oder selbst schlecht behandelt wird. Sondern Sie sollten lieben lernen und auch lieben und vor allem sollen Sie geliebt werden. Aber sie müssen auch sich selbst lieben. Ohne Eigenliebe gibt es keine Nächstenliebe. Das hat jeder Mensch verdient. Liebe ist der Motor des Lebens. Liebe ist der Motor der Welt. Ohne Liebe geht gar nichts auf unserem Planeten. Falls das bei Ihnen nicht zutrifft, wenn in Ihrer Beziehung keine Liebe existiert, überdenken Sie Ihre Beziehung und tun Sie genau das, was für Sie am besten und richtig ist. Denken Sie an sich! Es kann ja sein, dass Ihre Beziehung vor zehn oder zwanzig Jahren einmal stimmig war. Aber Menschen verändern sich. In einer Partnerschaft kommt es sehr oft vor, dass sich im Laufe der Zeit Mann und Frau in unterschiedliche Richtungen entwickeln. Bedingt durch den Beruf, durch Alkohol, Drogen, schlechten Umgang, Minderwertigkeitsgefühle, Neid. Und es kann jeden von uns treffen. Aber leiden Sie nicht bis ans Ende Ihrer Tage. Alleine zu leben ist besser, als zu zweit alleine zu sein. Denn geht eine Türe zu, werden sich wieder neue Türen öffnen. Es gibt so viel zu tun für jeden von uns. Wir müssen Entscheidungen treffen und raus in die Welt gehen. Aber Sie müssen es wollen, glücklich zu werden. Wenn es auch noch so schwerfällt, treffen Sie eine Entscheidung für Ihr Leben. Nehmen Sie Ihr Leben und Ihr Glück wieder in die Hand. Vor allem fangen Sie an, sich selbst zu lieben, und denken Sie an sich. Wie können Ihre Kinder glücklich sein, wenn Sie unglücklich sind und Sie Ihren Kindern Traurigkeit vorleben? Goldie kann Ihnen versichern: Sie weiß, wie schwer es ist, sich von jemandem zu trennen. Aber sie ist sich auch sicher: Liebe wird sich immer finden und es wird immer das zusammenkommen, was zusammengehört.

Goldie wünscht auch allen Wuschels und Puschels ganz viel Glück bei der Partnersuche. Und dass sie trotz der ausgefallenen Namen die Frau fürs Leben finden. Goldie hat in diesem Buch weder etwas erfunden noch hat sie Märchen erzählt oder etwas hinzugefügt. Im Gegenteil, Goldie hat manches Mal etwas untertrieben, weil sie keine Menschen in diesem Buch bloßstellen möchte. Sie dankt auch den vielen Unwissenden, die hier erwähnt wurden, ohne dass sie Bescheid wussten. Damit deren Privatsphäre gewahrt bleibt, hat sie die Namen immer ein klein wenig verändert.

Es ist so: Leider muss man viele Frösche küssen, bevor man einen Prinzen findet. Auch auf den Partnerbörsen ist es nicht anders. Goldie wünscht ihren Leserinnen und Lesern ganz viel Glück und das richtige Gefühl bei der Wahl des richtigen Partners. Der richtige Partner im Leben kann Sie glücklich machen und der falsche kann Ihr Leben ruinieren. Wenn Sie merken, Sie haben die falsche Wahl getroffen, beenden Sie sofort die Beziehung! Verschenken Sie keine Lebenszeit, denn diese erhalten Sie niemals mehr zurück! Aber was wäre ein Leben ohne Träume? Und vor allem, was wäre ein Leben ohne LIEBE? Goldie wünscht Ihnen die große Liebe – und geben Sie nicht auf. Erst wenn man glaubt, dass es den richtigen Partner nicht gibt, kommt er unverhofft auf Sie zu! Wenn man aufhört zu suchen, wird man finden.

Goldie bittet ihre Leser, sich ab sofort an folgenden Sprüchen zu orientieren: Bereue nicht, was du getan, sondern bereue das, was du nicht getan hast. Und träume nicht dein Leben, sondern lebe deinen Traum.

Ganz viel Glück zum richtigen Partner wünscht Ihnen

Madeleine Toussaint

Bücher, die im Mato-Verlag erschienen sind:

- Südafrika schön und preiswert
  ISBN 978-3-927003-23-1, Euro 15
- Namibia schön und preiswert mit Kapstadt, Wein- und Gartenroute ISBN 978-3-927003-29-3, Euro 15
- Arbeitslosigkeit, Glück oder Unglück?
  ISBN 978-3-936795-93-6, Euro 7,50
- Schönheitsoperationen: Vom hässlichen Entchen zum schönen Schwan ISBN 978-3-936795-96-7, Euro 11,90
- Piloten küsst man nicht! Roman
  ISBN 978-3-936795-99-8, Euro 12,90
- Engel und die Verstorbenen sind unter uns
  ISBN 978-3-936795-98-1, Euro 12,90
- Phänomene und Kraft aus dem Jenseits
  ISBN 978-3-936795-92-9, Euro 12,90
- Engel und die Jenseitigen lieben uns
  ISBN 978-3-936795-91-2, Euro 12,90

- Angels and deceased loved ones are always with us
  ISBN 978-3-936795-59-2, Euro 14,90

- Erlebnisse mit Engeln und Verstorbenen
  ISBN 978-3-936795-58-5, Euro 12,90

- Seid nicht traurig, wir leben weiter
  ISBN 978-3-936795-57-8, Euro 12,90

- Das Jenseits ist kein Ort zum Schlafen
  ISBN 978-3-936795-56-1, Euro 12,90

- Meine Mama lebt. Gespräche mit meiner verstorbenen Mutter ISBN 978-3-936795-60-8

- Auf Engel ist Verlass
  ISBN 978-3-936795-61-5, 12,90 Euro

Kinderbücher:

- Die fleißige Biene Samantha
  ISBN 978-3-936795-51-6, Euro 9,95

- Die Elefanten Mini und Timba
  ISBN 978-3-936795-52-3, Euro 9,95

Mato-Verlag, Tel./Fax: 08331-49 44 45

Inhaltsverzeichnis